おいしく食べる

食材の手帖

分とく山
野崎洋光 著

小春あや イラスト

池田書店

はじめに

現代社会において、自分で作物を育てたり漁や狩りをしたりして食材を確保する人は少なく、ほとんどの人が誰かに委託をしています。

別に昔がよかったと思っているわけではありません。

現代は、食材が豊富にそろい、流通が発達し、調理器具が発展したすばらしい時代です。それにより選択肢が広がり、さまざまな料理が作れるようになりました。

こうした外的条件がそろったこの時代に、わたしたちがすべきことは何でしょうか。

ぼくは、簡単な知識を植えつけることだと思います。

食材においては、いろいろな味や香りがあり、それに合わせた使い方があります。調理法においては、それぞれ目的と理由があります。

こうしたことを身につければ、自分の好きな食材を選んで、好みに合った料理を作り、好きな環境で食べることができます。

そうすることが正しくて、それが一番の贅沢です。

食材についての知識を蓄えて、料理を手作りしてみませんか。

楽しいですよ。

野﨑洋光

目次

米

ガス◉保温モードにしておくと、まずくなる◉おにぎりはにぎらないほうがおいしい◉すしめしはバットで十分。うちわも必要なし！◉炊き込みごはんは、具を入れたら混ぜない◉炊き込みごはんの具は、入れるタイミングが3通り

190 ■春夏秋冬 おすすめの炊き込みごはん

【調味料・だし素材】

192 **砂糖** ◉一番甘く感じるのは黒糖。一番さっぱりなのは氷砂糖◉甘みの強い煮物は、砂糖渋滞を起こさないように煮る

194 **塩** ◉自然塩と精製塩に優劣なし。用途に応じて使い分ける◉塩が通訳となり、「味の道」を作る

196 **酢** ◉使いやすいのは、香りが強すぎない穀物酢◉いったん沸騰させると、酸味がまろやかになる

198 **しょうゆ** ◉うまみが強いのは濃口。素材の色が生きるのは薄口◉香りのよさはあと入れで生かす

200 **みそ** ◉どれかひとつなら信州みその粒みそがいい◉空気穴のあるものは菌が生きている証拠

202 **かつお節** ◉だしをとるときは、ぐらぐら湯ではだめ！

203 **昆布** ◉一般的な目利きがいい昆布とは限らない

204 **煮干し** ◉謙虚なものがよく、偉そうなのはだめ

205 ■だしの三段活用法

206 ■だしの使い分け

207 **食材DATA**

この本を使う前に

◉ 旬の時期は、目安としてください。現代は、野菜の栽培方法が多様化し、露地栽培のものとのずれが生じることもあります。また、魚介は気候などによる変動が大きく、獲れる地域によっての違いもあります。

◉ 栄養素については、その素材に特徴的なものを取り上げています。

◉ レシピの小さじ1＝5㎖、大さじ1＝15㎖、1カップ＝200㎖です。

野菜

家庭での使用頻度が高い野菜と
きのこを選び、紹介しています。
それらは、葉茎菜類《ようけいさいるい》、果菜類《かさいるい》、根菜類《こんさいるい》、
いも類、その他に分類し、
それぞれの中で五十音順に並べています。
なお、玉ねぎは葉茎菜類ですが、
この本ではわかりやすさの観点から
根菜類に分類しています。

アスパラガス

DATA：p.208

アスパラガスの下ごしらえについて、料理の本ではいろいろなことが書かれていますね。ぼくの場合は、切り口が乾いているから少しだけ切って、あとは根元から5～6㎝あたりまで皮を薄くむく。これだけです。市場に出ているアスパラガスは、畑から食べられる部分だけを収穫してきているのだから、根元の部分をたくさん切って捨ててしまう必要はありません。

根元から少しだけカットすれば、あとは食べられる

穂先が見極めどころ

穂先がふっくらとしていて締まっているものがいいです。ここがアスパラガスらしさを感じさせる部分ですから。

ゆでたあとの処理法は2通り。すぐに食べるなら水にはとりません。ゆでたては香りやうまみが強く、とてもおいしいですよ。しかし、すぐに食べないなら水にとりましょう。時間がたつと余熱でぐにゃっとしてしまうからです。水にとると水っぽくなるとかいいますが、それならそうなる前に引き上げればいいだけのこと。中まで冷たくなる前、表面が冷えたらもういいですよ。といいつつ、ぼくら料理人はいつも水にとります。それは歯切れのよさや色の美しさを重視するからです。要するに、ケースバイケース。味、歯切れ、見た目の何を優先するかで決めればいいのです（→p.21）。

アスパラガスのグリーンとホワイトは、もとは同じもの。光を遮断したか否かの違い。

ゆでたら水にとるかどうかは、すぐに食べるかで決める

水にとらないときは、ざるの上で冷ます

上下から空気が通るようにざるにのせて冷まします。せっかくなので、ゆでたてのおいしいうちに召し上がれ。

キャベツ

DATA：p.209

春も冬も、実際に手で持って選ぶ

春キャベツは生食で

内側まで黄緑色。葉がやわらかいので、生で食べるのに向きます。

3〜5月に収穫期を迎える春キャベツは、球形で巻きがゆるいのが特徴です。普段よく目にするのは冬キャベツで、こちらは形が扁平で葉のすき間がないほどきつく巻いているのが特徴です。半分に切ってあればこの特徴がわかりますが、丸ごとなら、重さが見極めポイントです。春キャベツがふわっと巻いているのは、その分空気が間にあるということですから、軽いものがいい。逆に冬キャベツは葉がみっちり詰まっているほうがいいわけですから、必然的に重くなります。春は軽く、冬は重いと覚えましょう。

冬キャベツは加熱して

内側は白く、葉がかたくしっかりしています。甘みが増しているので煮込みに使うとおいしいです。

せん切りは、繊維を断つ方向に切るとふんわり

キャベツのせん切りをどちらの方向に切ればいいか迷うことはありませんか（→p.66）。ぼくの場合は、繊維を断ち切る方向に切ります。そうすれば、ふわっとして食べやすくなるからです。そして、外葉と内葉の両方を使います。内葉はやわらかいけれど、黄緑色の葉は色がいまひとつ。色の面でいったら外葉の緑色が濃いほうがきれいです。だから両方をまぜると、おいしさも色もちょうどよくなるというわけです。

ぼくは春キャベツが好き。ふわっとしていておいしいですね。

外葉は加熱調理に、内葉は生食に

外葉と内葉の大きな違いは、かたさです。たとえば、ロールキャベツならば、かたいほうが肉だねを巻くのに都合がいいから外葉を使います。そのほうが、色もきれいです。かたくても煮込むので問題ありません。一方、漬け物やおひたしには、やわらかい内葉がいいでしょう。このように、外葉は煮たり炒めたり加熱する料理に使い、内葉は生で食べたりさっと火を通したりする料理に使います（→p.15）。

キャベツと肉のみそ炒め

〈材料〉2人分

キャベツ（ひと口大に切る）……4枚分

豚バラ薄切り肉……200g

セロリ（斜め薄切り）……1本分

長ねぎ（5㎝長さの四つ割り）……1本分

A［みそ……30g
　 酒……大さじ2

サラダ油……大さじ1

〈作り方〉

❶ 豚肉は10㎝長さに切って霜降りする（→p.115）。Aは混ぜ合わせる。

❷ フライパンに油を熱し、キャベツとセロリを炒め、豚肉、長ねぎの順に加えて炒め合わせる。Aを加え、全体にからめる。

外葉と内葉の使い分け

まずは、外葉と内葉の特徴を知りましょう。

外葉

・かたい
・歯切れがいい
・緑色がきれい

内葉

・やわらかい
・甘みがある
・黄緑色で美しさが弱い

次に、作る料理に何を求めるのかを考えます。

・色をきれいにしたい
・歯切れのよさがほしい
・大きな葉を使いたい
・長時間煮込みたい

➡ **外葉が向く**

・やわらかく食べたい
・生で食べたい
・野菜の甘みを加えたい

➡ **内葉が向く**

ただし、料理の正解はひとつではありません。
いろいろな方法や工夫がありますから、それも知っておいてください。

□ 内葉の色が弱いなら、外葉を少しまぜて色を補います。
(例：せん切りキャベツ)

□ 外葉は繊維に対して直角に切れば、生でもやわらかく食べられます。
(例：コールスロー)

□ かたい外葉でも、十分加熱すればやわらかく食べられます。
(例：ポトフ)

小松菜・ほうれん草

DATA：p.210、p.214

表面はきれいに見えても、根元の茎をめくると土がついていることがあります。これを取り除きやすくするために、1株が大きいときは包丁で根元に十字の切り目を入れ、流水にあてて洗いましょう。とくに、旬のころのほうれん草は茎が太くて、そのままでは内側まで洗えないので、包丁を入れると土が落ちやすいです。葉のほうは根元をまとめて持ち、水をはったボウルの中でジャブジャブとふり洗いしましょう。

根元を十字に切ってから洗う

水を吸わせて
みずみずしさをとり戻す

ゆでる前に葉ものを水につけるのは、切り花の水あげと同じ。花はこれにより長持ちしますが、野菜は味がぐっとよくなります。葉もの野菜だけでなく、アスパラガスやブロッコリーも同じです。

ゆでる前に根元を水につけてシャキッとさせる

野菜は収穫してから時間がたつほど水分が抜けてしおれてしまいます。そこで、青菜はきれいに洗ったら、ゆでる前に冷水に15～30分つけ、みずみずしい状態に戻します。シャキッとしたら水がすみずみまでいきわたった証拠。つまり、茎や葉に水の通り道ができたということです。この状態でゆでれば、すでに通り道ができているので、湯がそこをすーっと通りやすく、短時間で火が入ります。すると、色も食感もよくゆでられます。

水分が抜けた野菜は干物状態。それではゆでるのに時間がかかってしまいます。

ほうれん草は熱湯でゆでる

ほうれん草は、ぐらぐら沸いたたっぷりの湯で、短時間でゆでるのが基本です。そうすれば、鮮やかな緑にゆであげることができるからです。まず、鍋に湯をたっぷり沸かし、ほうれん草2～3株を根元から入れます。20秒たって茎がしんなりしたら葉を沈めて20秒。すぐに引き上げて冷水に1分さらします。ゆでる量がもっとあるときは、これをくり返します。

あらかじめ切ってから ゆでても OK

茎と葉に切り分けて、時間差で加えるというゆで方もあります。そうすれば、根元を80℃の湯につけて、そのまま1分間待たなくてもすみます。

小松菜は ぐらぐら湯はだめ

小松菜はぐらぐら沸いた湯ではなく、80℃くらいのゆらゆらした湯が適しています。それは、小松菜がアブラナ科の野菜だからです（→p.35）。80℃を温度計ではかるのがめんどうならば、1ℓの熱湯に水を300㎖加えるとちょうどそのくらいになります。この温度でゆでると、小松菜本来の味が引き出せますから、ぜひ覚えてください。ゆで方は、80℃くらいの湯に根元から入れて1分ゆでたら、葉を沈めて1分です。引き上げて、冷水にさっとつけましょう。

ほうれん草は炒めて卵とじにするのが一番好きですね。

ゆでるときは塩より湯の温度のほうが大事

塩を入れてゆでると湯の温度が上がり、色よくゆでられるなどといわれてきましたが、それには塩の量が少々では足りません。それよりも大事なのは、入れたときから湯の温度を下げないことです。たくさんの青菜を一度にゆでようとするから湯の温度が下がってしまい、結果的に長くゆでることになってえぐみが出てしまうのです。では、どうすればいいかというと答えは簡単。2～3株ずつに分けて湯に入れればいいのです。そうすれば、湯の温度が下がらず短時間でゆでることができます。

おひたしは
ゆでたてに削り節が一番

ゆでたあと、だしに浸す料理屋のやり方が正しいと思い込む人がいますが、家庭でそれをまねする必要はありません。本来は、ゆでたてを削り節としょうゆで食べるのが一番おいしいのですから。

ゆでたら水にとる野菜ととらない野菜

基本のルールは次の通りです。

水にとる	水にとらない
□ 歯切れや色の美しさを保ちたいとき	□ 味の濃さやうまみの強さを味わいたいとき
□ すぐに食べないとき（余熱で食感も色も悪くなるため）	□ すぐに食べるとき

これを踏まえ、水にとるか迷いがちな野菜を例に、
3つのパターンをお伝えします。
ただし、これは必ずこうしなさいというわけではありません。
ケースバイケースですから、上記の基本のルールを念頭に、
おのおので考えてください。

水にとる	小松菜 水菜	色と歯ざわりのよさを保つため、さっと冷水につける。ただし長くつけすぎず、あら熱がとれるまで。
水にとる	ほうれん草	アクを抜くために、1分ほど冷水につける。
水にとらない	キャベツ 白菜	時間がたっても退色しないので、水にとらなくてよい。
そのときどきで変える	アスパラガス ブロッコリー さやいんげん	すぐに食べるなら水にとらないほうがおいしい。時間をおくなら歯切れが悪くなるので水にとる。
そのときどきで変える	きぬさや スナップえんどう	さやの中に水が入って水っぽくなるので、基本的には水にとらないほうがいい。時間をおくならさっと水にとる。風にあてて冷ます方法もある。
そのときどきで変える	オクラ	色の鮮やかさを重視するために基本的には水にとる。
そのときどきで変える	もやし	蒸れたにおいをとるために、冷水にさっとつけることもある。

小松菜をざく切りにして生のまま冷凍すると、解凍後はまるでゆでたようになる。

セロリ

DATA : p.211

筋は取らなくていい

近ごろのセロリは筋がかたくなくて口に残らないので、取らなくていいです。もし気になるのなら、斜め切りにすればいいでしょう。セロリというと、あのシャキシャキとした食感が魅力で、甘酢漬けにするとおいしいですね。煮ても形がくずれにくいので、鶏肉やじゃがいもなどといっしょにスープ煮にするのもおすすめです。

葉の色をチェック

葉は鮮やかでみずみずしくハリのあるものを。しおれていたり、黄色くなっていたりするものは鮮度が落ちているので避けましょう。

葉は炒めても煮てもよし。捨てずに使う

セロリは茎ばかりでなく、葉もおいしい野菜です。しょうゆとみりんで味をつけてきんぴらにしてもいいですし、豚バラ肉やベーコンなどと炒めてもいいですね。また、ゆで豚（→p.117）を作るときもセロリの葉は活躍します。豚肉をゆでるときにセロリの葉と長ねぎ、玉ねぎ、にんじんを入れるのですが、煮たあとの野菜は捨てずにフードプロセッサーにかけてペースト状にします。これ、すごくいいソースになるんです。ポタージュにしてもおいしいです。

セロリのきんぴら

〈材料〉作りやすい分量

セロリ（1.5cm幅の斜め切り）……150g

にんじん（4cm長さのせん切り）……50g

赤唐辛子（種を除く）……1〜2本

A［酒、みりん……各60mℓ／しょうゆ……40mℓ／砂糖……大さじ1］

白ごま……大さじ1

サラダ油……大さじ1

〈作り方〉

❶ フライパンに油を熱して赤唐辛子とセロリを炒め、油が回ったらAを混ぜ合わせて加え、煮詰める。

❷ 煮汁が半分くらいになったらにんじんを加え、煮汁がなくなるまで炒め、ごまをふる。

茎の厚みを見る

茎の部分が肉厚で、両端が内側に巻いているものがよいです。切り口も確認し、穴があいていないものを選びましょう。

セロリが日本に入ってきたのは16世紀末。当初は、独特の強いにおいのせいで嫌われ者だった。

ねぎ

DATA：p.213

ぶつ切りには、思いやりの切り目を入れる

焼きねぎや、魚や肉のつけ合わせ、すき焼きなどに使う、ひと口では食べられない長さのぶつ切りにしたねぎ。噛み切れずに芯が飛び出てきたなんて経験はありませんか。ねぎは繊維が縦に走っているので、長いと噛み切りにくい。だから、表面に浅い切り目を数か所入れて、食べやすくします。これはいわゆる「隠し包丁」で、相手のことを思っての心づかいです。

切り目を入れて噛み切りやすくする

1㎝くらいの間隔で繊維を断ち切る方向に切り目を入れます。斜めに入れてもかまいません。要は、噛み切るきっかけがあればいいわけですからね。

生のねぎには、香辛料のような働きがある

生のねぎは、小口切りにしたり、白髪ねぎにしたりして、薬味として便利です。生だと辛みのほかに苦みもあり、いわば香辛料のような役割もあります。この味を利用した例が、ざるそばに添えられるねぎ。いっしょにわさびも盛られていることが多いですが、わさびの辛みとねぎの苦みで、味のバランスをとっているのです。生のねぎのにおいが強すぎるときは、くせを取るために水で洗うとやわらぎます。

みじん切りは、斜めに切り目を入れてから小口切りにするとスムーズ。

ねぎ

青い部分は捨てない。料理のコク出しに重宝する

ねぎの青い部分は加熱すると甘みが出ます。だからぼくは、きんぴら、煮魚、肉じゃがや筑前煮など、煮物を作るときにいっしょに入れて、その甘みを利用しています。実感として、コクも出るような気がします。具体的な使い方は、きんぴらならごぼうを炒めたあと、調味料を加えるときに加えます。煮魚や煮物なら煮汁にいっしょに入れて煮ましょう。

白菜

DATA：p.213

芯の近くが黄色いものがおいしい

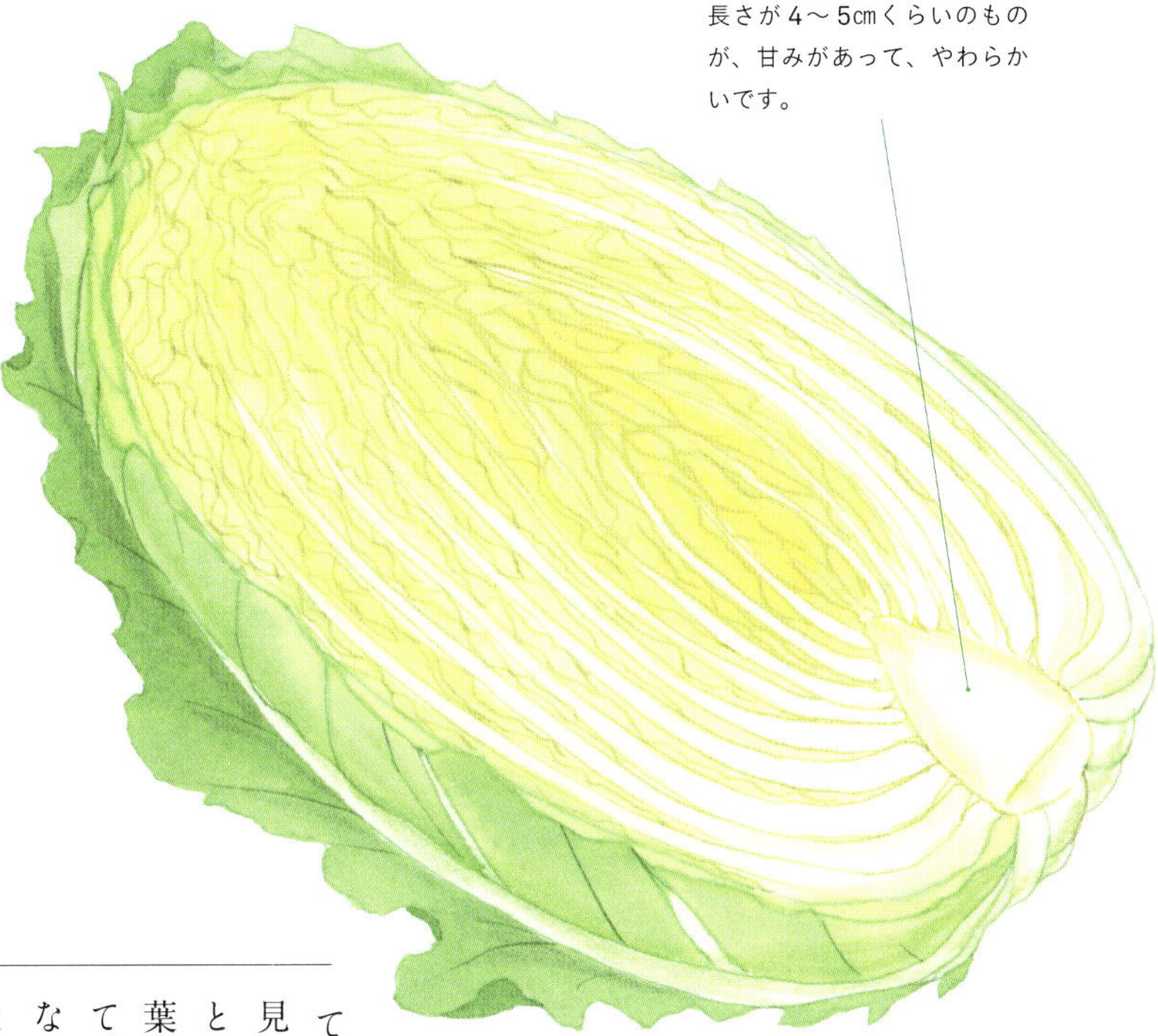

葉がすき間なく詰まっていて、芯に近い中心の部分が黄色いものが甘みがあっておいしい白菜です。カットしてあるものならば、これらを見ることができますが、丸ごとのものは確認できないので、葉がぎゅっときつく巻いていて、重いものを選びましょう。なお、切ってから時間がたつと中心に近いところから盛り上がってくるので、カットしてあるものを選ぶ際は断面が平らなものを求めてください。

芯の長さをチェック。短めのものを

おいしい白菜を見分けるには、芯を見るのもポイント。芯の長さが4〜5㎝くらいのものが、甘みがあって、やわらかいです。

葉の黒い粒々は害ではない

外葉に近い葉に黒い斑点が見られることがありますが、これはポリフェノール類の蓄積によるものなので、食べても問題ありません。

若い時分は、白菜は葉のほうが好きでしたが、今は軸派。軸は甘くておいしいですね。

白菜

うまみ成分が野菜の中でトップクラス！

白菜自体はあっさりとした味なので意外かもしれませんが、実はうまみ成分のグルタミン酸が野菜の中では豊富なほうで、キャベツよりも多く含まれます。だから、白菜をひたひたの水で煮てからフードプロセッサーでペースト状にするだけで、だしいらずのポタージュになります。このままでも十分おいしいですが、ここに鶏だんごやつみれを加えてもいいでしょう。グルタミン酸は、動物性のうまみ成分であるイノシン酸と合わせると、うまみが何倍にも強く感じられるので、いい組み合わせです。

白菜サラダ

〈材料〉1人分

白菜の葉（せん切り）…… 100g
赤・黄パプリカ（5㎝長さのせん切り）…… 各15g
かいわれ菜…… 20g
ひじき（戻したもの）…… 30g
ノンオイルドレッシング（好みのもの）…… 適量

〈作り方〉

❶ 白菜、パプリカ、かいわれ菜は水につけてパリッとさせ、水気をきる。ひじきは熱湯にさっと通して水気をきり、冷ます。

❷ ①を混ぜ合わせて、ドレッシングをかける。

だしを抱え込む構造をもつ。だから鍋にうってつけ

白菜は葉脈の細胞が大きいので、その分おいしいスープをたくさん含むことができます。だから鍋物に使うのです。また、葉と軸で火の通り時間が違うのも鍋には好都合。春菊なんかだと、入れたらすぐに食べなきゃと思って忙《せわ》しないですが、白菜なら火の通りの早い葉を先に食べて、あとからゆっくり軸を食べることができますからね。

白菜を大胆に使う鍋もおすすめ

丸ごとの白菜を横に切って鍋に入れ、焼いたあじの干物を加えて煮た鍋を作ることがあります。干物からだしや塩分が出て、非常においしい。霜降りしたひき肉（→p.115）でもかまいません。

餃子は白菜派とキャベツ派がいますが、ぼくは白菜派。

白菜

軸は水分を飛ばすと、おいしさが格段にアップ

干すならざるに並べて陰干しで

ざるに重ならないように並べ、表面が少し乾燥するまで陰干ししましょう。だいたい半日くらい干せばいいです。

白菜の軸の白い部分は水っぽくて、ややおいしさに欠けます。そこで、少し乾く程度にオーブンで焼くと、うまみや甘みが増してぐっとおいしくなります。１５０℃くらいのオーブンでだいたい5分くらい、しんなりして触ると表面が乾いているくらいまで焼けばいいだけです。要は水分を少し飛ばせばいいので、干したり、使う前にフライパンで表面を焼いたりするのでもかまいません。これを煮物や鍋物に使うと、凝縮した白菜のおいしさが味わえます。

焼き白菜のしょうがじょうゆあえ

〈材料〉2人分
白菜……3枚
しょうが（すりおろし）……小さじ1
しょうゆ……大さじ1

〈作り方〉
❶ フライパンを熱して白菜を並べ、弱火で軽くこげ目がつくまで焼く。
❷ 白菜をひと口大に切り、しょうがとしょうゆであえる。

干すとおいしい野菜

干すとおいしい野菜には次のようなものがあります。

- □ 白菜
- □ にんじん
- □ れんこん
- □ きのこ
- □ にんじん、大根、かぶなどの皮

干し方はどれも共通です。

1
ざるに重ならないように並べる

2
半日ほど陰干しする

3
表面が乾いた感じになればできあがり

干した野菜はこんなふうにお使いください。

- □ 煮物
- □ 鍋物
- □ 漬け物

こんな変わった使い方もできます。

干した白菜をひたひたの水で煮て、フードプロセッサーでペースト状にします。そのままポタージュとして食べるほか、ソースにも使えます。

干した野菜の皮は、鍋に入れて水をひたひたに加え、昆布も1切れ加え、水から煮出すと、だしがとれます。穏やかなうまみで、みそ汁などに使うといいでしょう。

大根の皮は干すと切り干し大根になりますよ。

ブロッコリー

DATA：p.214

小房を分けるときは、包丁は使わない

ブロッコリーの小房を分けるときは、まず茎を短く切り、ひと房の根元の部分に包丁を入れて切り分けます。ひと房が大きくて、さらに小さく分けたいときは、包丁でザクッと切ってはいけません。そうすると、つぼみの部分がボロボロと散らばってしまいます。

軸の部分に包丁で浅く切り目を入れ、あとは手で裂きましょう。

茎の部分は質のよい、やわらかい野菜と考える

ブロッコリーの茎は、捨ててはいけません。皮をむくとやわらかく、とても質のいい素材になりますから。使い道はいろいろあります。きんぴらにしてもいいですし、すりおろしてスープにするとくせがなくておいしいです。また、塩漬けにすればザーサイのようになります。使うときは、かたい皮を厚くむきましょう。茎の断面を見ると円形の筋があるので、この内側までむいてください。

買うときは、
上と下の両方をチェック

つぼみが密集してかたく引き締まっているもの、茎の断面にはスが入っていないものを選びましょう。

ブロッコリーの茎のじゃこ炒め

〈材料〉2人分

ブロッコリーの茎 …… 100g
ちりめんじゃこ …… 50g
薄口しょうゆ …… 小さじ2
白ごま …… 大さじ1
サラダ油 …… 小さじ2

〈作り方〉

❶ ブロッコリーの茎の皮をむいて太めの棒状に切り、さっとゆでる。
❷ フライパンに油を熱して①を炒め、全体に油が回ったらちりめんじゃこ、薄口しょうゆ、ごまの順に加えてさっと炒める。

緑の濃い野菜を食べると、体にいいことをしている気分になりますね。

熱湯より低い 80℃でゆでると、本来の味が引き出せる

ブロッコリーはぐらぐらと沸騰した湯でゆでてはいけません。それより手前の80℃くらいが適温です。なぜこの温度がいいのかというと、ブロッコリーにはピリッとした辛み成分が含まれていて、これが失われないようにしたいからです（→p.35）。「ブロッコリーが辛い？」と疑った人は、生の状態で少し食べてみてください。それを感じられるはずですから。ゆっくり3分ほどかけてゆで、このブロッコリーの持ち味をぜひ味わってください。

おとなしい湯でゆでる

80℃の湯の状態は、鍋底に気泡がポツポツつくくらい。ほぼ沸いていないように見えますが、それでかまいません。なお、2％塩分くらいの湯でゆでると塩味がついておいしいです。

沸騰湯でゆでてはいけない野菜

熱湯でゆでてはいけない野菜は、
次の通りです。

- □ かぶ
- □ カリフラワー
- □ キャベツ
- □ 小松菜
- □ 大根
- □ 菜の花
- □ 白菜
- □ ブロッコリー
- □ 水菜

これらはすべて、
アブラナ科の野菜
です。アブラナ科の野菜にはピリッとした辛み成分が含まれていて、これを生かす温度でゆでるほうがおいしいからです。

ゆでる湯の適温は、80℃。
表面が 80℃だと野菜の芯温は 40℃くらい。辛み成分を生み出す酵素は熱に弱く、このくらいの温度のときによく働きます。だから、80℃くらいが具合がいいというわけです。ゆでてからしばらくおくと、持ち味であるピリッとした辛みと苦みが感じられるはずです。

温度計が確実ですが、
1ℓの熱湯に水を 300㎖加える
と、だいたい 80℃になります。

アブラナ科の旧名は十字花科。4枚の花びらが十字形に咲くから。

水菜

DATA：p.214

ゆでるときは低温でさっと

生で食べる機会が多いかもしれませんが、ゆでておひたしにしてもおいしいです。そのときは、持ち味のシャキシャキ感とピリッとした辛みを損なわないように、80℃くらいの湯でさっとゆでます。ゆでたら冷水にくぐらせて、色の鮮やかさと歯ざわりのよさを保ちましょう。サラダに使うときは、軽く塩もみすると、しんなりしてドレッシングとのなじみがよくなります。

水菜の巾着煮

〈材料〉2人分
水菜（2㎝長さに切る）…… 80g
油揚げ…… 2枚
溶き卵…… 2個分
A［だし汁……300㎖
　 薄口しょうゆ、みりん……各20㎖

〈作り方〉
❶ 油揚げは長さを半分に切って袋を開き、水菜と溶き卵を等分ずつ詰め、爪楊枝で留める。熱湯にさっとくぐらせる。
❷ 鍋に①、Aを入れて火にかけ、ひと煮立ちしたら火を弱め、10分ほど煮る。

油脂の力を借りて
コクを補うのがコツ

水菜は淡白でうまみの弱い野菜です。だから油揚げや肉など、油っ気のあるものを合わせるのが調理のコツです。たとえば、定番の水菜と油揚げの煮物や、くじら肉と水菜をだし汁で煮たはりはり鍋などがいい例です。それならば、肉巻きなんかもいいんじゃないかなと思います。脂を補えるという理由以外に、水菜は茎がしっかりしているから肉で巻いたときに芯になりやすく、ふたつの面で好都合です。

加熱するなら「さっと」が共通ルール

アクの少ない野菜なので、下ゆでせずに使えます。煮物のほか、炒め物もいいですが、火を通しすぎないよう、最後に加えましょう。鍋物ならすぐに引き上げます。

水菜は日本が原産の野菜。古くから京都付近で栽培されていた。

レタス

DATA：p.214

切るときはステンレスの包丁で

レタスを鋼《はがね》の包丁で切ると、時間の経過とともに切り口が茶色っぽく変色します。これはレタスに含まれるポリフェノールと包丁の鉄が反応して酸化するからです。料理の本に手でちぎりましょうと書いてあるのは、そのためです。ですから、鋼の包丁で切ったときは切り口を洗うか、もしくはステンレスの包丁を使いましょう。

サラダだけではもったいない！煮てもあえてもよし

サラダのイメージがあまりにも強いので、レタスはそのまま食べるものと思っている人が多いでしょうが、そんなことはありません。ぼくが作るレタス料理をいくつかご紹介しましょう。まずは塩もみ。これは蒸し鶏と合わせてあえ物にするのもいいですし、白あえに使うのもおすすめです。もうひとつはロールレタス。つみれやひき肉などをのせて小さめに巻き、さっと煮ます。葉が薄いから、品よく仕上がります。

レタスとじゃこのおかゆ

〈材料〉1人分
レタス（ちぎる）……50g
ちりめんじゃこ……20g
ごはん……50g
水……300mℓ
塩……小さじ1

〈作り方〉
❶ 鍋にごはんと材料の水を入れて火にかけ、やわらかくなったらフードプロセッサーに移す。湯（分量外）を少しずつ加えながら回し、とろとろにする。
❷ 鍋に戻してちりめんじゃこを加え、ひと煮立ちさせる。レタスを加えてさっと煮て、塩で調味する。

レタスは、加熱に使うときも水に放ち、パリッとさせましょう。

オクラ

DATA：p.208

ガクを面取りするようにぐるりとむく

かたいガクをむいて食べやすくする

ガクはヘタの近くの黒い筋部分。大根の面取りと同じ要領で、角を取るようにしてむきます。

オクラは、ヘタを少し切り落とし、ガクを削るように一周むき取ってから使います。ヘタもガクもかたい部分なので、これを取り除くわけです。さらに、1本ずつ塩で表面をこすってうぶ毛を取ると、舌ざわりがよくなるうえ、色も鮮やかにゆであがります。湯には塩をつけたまま入れて、歯ごたえが残るくらいに火を通しましょう。

包丁で叩くと、「緑のとろろ」のできあがり

卵黄を足すとより おいしい

オクラのとろろに卵黄を混ぜるとコクも足され、それはそれはおいしい。しょうゆをひとまわしして召し上がれ。

オクラはそのまま煮物やおひたしに使うのもいいですが、ゆでたオクラを包丁で叩いて粘りを出すと、オクラのとろろが作れます。これをほかほかのごはんにかけるのがぼくのおすすめ。オクラのとろろはやまいも同様に使え、まぐろにのせてもいいですし、魚やえびのすり身に混ぜれば緑の真丈《しんじょう》ができます。とろろの効果で口当たりもふわっとします。なお、オクラが大きい場合は種の口当たりが悪いので、縦半分に切り、スプーンでかき取ってから叩いてください。

オクラは花もネバネバしている。

水からゆでる野菜と湯でゆでる野菜

葉もの（土の外で育つ野菜）は湯でゆでる

ほうれん草や小松菜などの葉ものは、湯を沸かしてから入れます。そうすると、短時間で火が通るので、色よくゆでることができます。ただし、かぼちゃは土の外で育ちますが、水からゆでます。そのほうが糖分が増しておいしいからです。

土もの（土の中で育つ野菜）は水からゆでる

大根やじゃがいもなどの根菜類は、水からじわじわと火を入れていきます。そうすると、表面も中も全体に同じ温度で上がっていくので、むらなく火が通ります。また、でんぷん質の根菜類なら、うまみと甘みが増します。ただし、れんこんは土（泥）の中で育ちますが、食感よくゆでたいときは、湯でゆでます。

アブラナ科の葉もの野菜は、湯とはいえ100℃ではなく、35ページの通り、80℃くらいでゆでます。

かぼちゃ

DATA：p.208

水で煮る。かつおだしで煮るとおいしくない

ぼくはかぼちゃをかつおだしでは煮ません。それはかぼちゃが甘みのある野菜だからです。「甘みはうまみ」ですから、さらなるうまみは必要ないのです。かつおの風味がじゃまをして、かぼちゃ本来の味が生きないからともいえます。ところが、同じだし素材でも煮干しは別。煮干し特有の苦みを加えると、かえってかぼちゃの甘みが引き立つのです。

かぼちゃの含め煮

〈材料〉作りやすい分量

かぼちゃ……300g

煮干し（頭とわたを取り除く）……5尾分

A
- 煮干しだし……300mℓ
- みりん……50mℓ
- 薄口しょうゆ……30mℓ

〈作り方〉

❶ かぼちゃは3～4㎝角に切り、皮をところどころむく。ざるに入れて熱湯に1～2分つけ、水気をきる。

❷ 鍋に①とA、煮干しを入れて強火にかけ、煮立ったら弱火にし、煮汁がほぼ沸かないぐらいの火加減で15分ほど煮る。

煮るときは皮を下にして並べると、うまく火が通る

鍋には皮を下にして並べます。皮と実は火の通り時間が違うので、皮のほうから煮ていきたいからです。また、皮を下にしておけば、水分が蒸発しても皮の部分は最後まで水分につかっていることになります。素材に火が通るには水分が必要ですから、具合がいいというわけです。かぼちゃは重なっていてもすき間がありすぎてもよくなく、理想はすき間があかないようにぎっしりです。そうすれば鍋の中でかぼちゃがぶつかったりおどったりせず、煮くずれません。

水分量はひたひたに

ほくっとした食感にするため、水分量は多すぎてはだめ。煮上がるときにちょうど水分がなくなるように、ひたひたの煮汁で煮ます。

味がいまひとつのかぼちゃに当たってしまったら、ポタージュにするといいですよ。

かぼちゃ

皮の一部分が濃いオレンジ色なのは、甘い証拠

かぼちゃを選ぶとき、皮の色が一部分だけオレンジ色や黄色になっているものを見ることがあるでしょう。これは、畑で土に触れていた部分で、日光にあたっていなかったからそうなっているだけ。品質に問題があるわけではありません。中の果肉の色がそのまま表面に見えている状態なので、むしろ、この色がかぼちゃを選ぶときに見るべきポイントとなります。ここの色が濃いものほど甘くておいしいかぼちゃです。

種の大きさと果肉の厚みをチェック

種が大きくふくらんでいて果肉の厚みがあるものを選びましょう。果肉の色は、赤みを帯びたものほど甘いです。持ったときにずっしりと重いこともチェックポイントです。

きゅうり

DATA：p.209

おいしいのは、下半身が少しふっくらしているもの

きゅうりのヘタを上としたときに、種が多いのは下のほうです。ここが上のほうよりも少し太いものを選びましょう。これはメロンを思い浮かべればわかりやすいでしょう。メロンは種がある側と皮側のどちらが甘いですか。もちろん種の側ですよね。きゅうりも同じです。

新鮮なものはいぼで見極める

表面のいぼは時間がたつにつれてやわらかくなるので、ピンと張っていて、触ると痛いくらいのものが新鮮です。

きゅうりの種は取らなくていいですが、大きく育ったものは取りましょう。

きゅうり

野菜〈果菜類〉

塩ずりして湯通しすると、青臭さがとれる

「きゅうりを湯通し!?」と思うかもしれませんが、湯にくぐらせると緑色が鮮やかになり、青臭さもとれます。手順は、きゅうりに塩をまぶして表面をこすったら、塩をつけたまま熱湯にさっとくぐらせます。時間にしたら10秒ほど。すぐに冷水にとりましょう。湯通しといっても、ほぼ火は入っていませんから、普通のきゅうりと同じようにお使いください。

さっと炒めると、生とはひと味違うおいしさに

生で食べることが多いきゅうりですが、さっと炒めるのもおすすめです。ただし、中まで火が入らないように「強火でさっと」が鉄則です。乱切りにしたきゅうりを炒めて、塩としょうゆでシンプルに味つけしたものなんか、おいしいですよね。くれぐれも煮込みには向きませんのでご注意を。子どものころに、うちではみそ汁にきゅうりを入れるときがあって、あれ、苦手でした。

きゅうりとなすの炒り煮

〈材料〉2人分

きゅうり（3cm長さの四つ割り）……2本分

なす（半分の長さの四つ割り）……2個分

長ねぎ（なすと同じ長さの四つ割り）……1本分

A
- 煮干し……10g
- 水……100mℓ
- しょうゆ……大さじ3

粗びき黒こしょう……適量

ごま油……大さじ2

〈作り方〉

❶ Aを合わせて30分おく。

❷ フライパンにごま油を熱し、なすときゅうりを強火でさっと炒め、半分ほど火が通ったらきゅうりを取り出し、Aを加えて強火で煮る。

❸ 煮汁が煮詰まったらきゅうりを戻し入れ、長ねぎを加えて炒め、黒こしょうをふる。

きゅうりは若いうちは緑、年をとる（熟す）と黄色になる。

ゴーヤー

DATA : p.210

チャンプルーは別々に炒めて最後に合わせる

ゴーヤーチャンプルーを作るとき、ゴーヤーと豆腐をいっしょに炒めてはいませんか。それだと豆腐から水分が出て、ゴーヤーの苦みを全体に回してしまいます。いわば、ごった煮にしているようなもの。どこを食べても苦いと感じる理由は、これだったのです。おいしく作る秘訣は、豆腐とゴーヤーを別々に炒め、最後に合わせること。この方法ならそれぞれのよさが生きます。

ゴーヤーチャンプルー

〈材料〉4人分
ゴーヤー（5㎜幅に切る）……120g
豚薄切り肉（しょうが焼き用）……120g
木綿豆腐（ひと口大にくずす）……150g
長ねぎ（3㎝長さの四つ割り）……1/2本分
溶き卵……1個分
A［薄口しょうゆ……大さじ1/2
　 酒……大さじ1
こしょう、白ごま……各適量
サラダ油……大さじ2

〈作り方〉
❶ 豚肉は3㎝長さに切り、霜降りする（→ p.115）。
❷ フライパンに油大さじ1を熱し、豆腐を焼き色がつくまで炒め、取り出す。
❸ 残りの油を足し、ゴーヤーを炒め、①、②、長ねぎ、Aを加えて炒め合わせる。
❹ 溶き卵を回し入れ、半熟状になったらこしょうとごまをふる。

さや豆

DATA：p.210

さやから出すと鮮度が落ちる。むき豆ではなく、さやつきを

グリーンピースやそら豆など、さやをむいて食べる豆は、むき豆も売っていますが、ぜひさやごと買い求めてください。さやから出すと、その時点から途端に鮮度が落ちはじめ、風味がなくなります。とくにそら豆は鮮度が落ちやすい野菜で、さやから出すと水分が失われて、かたくもなってしまいます。さやごと買っても、むいておいては意味がないですから、調理する直前にむいてください。

そら豆のむき豆にある黒い筋の名は「おはぐろ」。

筋は弓状に曲がった内側だけを取ればいい

筋はヘタから先端へ向けて取る

筋を取るときは、ヘタのほうを少しポキッと折って、そのまますーっと引きます。

さやいんげんやきぬさやなど、さやごと食べるさや豆の筋は、弓なりになった内側だけを取りましょう。けれど、最近のものは筋がないことが多く、筋を取ろうとしても、すかっと空ぶりすることもあります。とくに、さやいんげんは、ほぼ筋がないと実感していましたが、市場に出回っている実に9割が筋なしなのだとか。筋なしなら、ヘタを包丁で切り落とすだけで使えます。

きぬさやトースト

〈材料〉2人分

きぬさや……100g
木綿豆腐……100g
A［砂糖……大さじ2
　 薄口しょうゆ……小さじ2
食パン……2枚

〈作り方〉

❶ きぬさやは筋を取り、さっとゆでる。豆腐は水きりする。
❷ フードプロセッサーにきぬさやを入れてペースト状にし、豆腐とAを加えて撹拌する（砂糖の量は好みで加減する）。
❸ トーストした食パンにのせる。

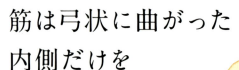

いろいろなさや豆

さやいんげん

下処理：筋があれば取る
ゆで方：熱湯（塩あり）
冷まし方：冷水にとる
食べ方：きんぴら、あえ物

枝豆

下処理：さやの両端をハサミで切り、
塩でもむ
ゆで方：熱湯（4％塩分）
冷まし方：ざるにあげて自然に冷ます
食べ方：そのまま、かき揚げ

スナップえんどう

下処理：筋を取る
ゆで方：熱湯（塩あり）
冷まし方：冷水にとる
食べ方：あえ物、炒め物、卵とじ

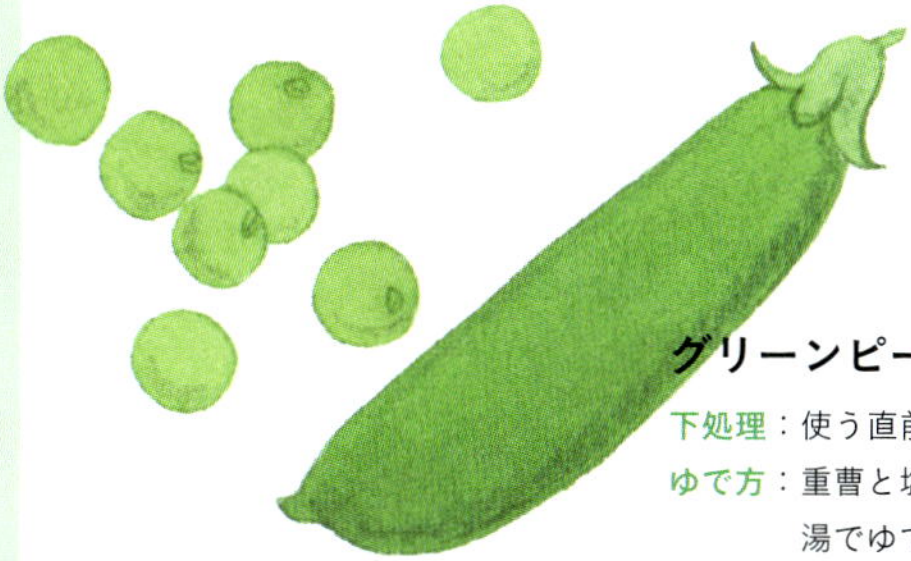

グリーンピース

下処理：使う直前にさやから出す
ゆで方：重曹と塩を加えた
湯でゆでる（→ p.54）
冷まし方：鍋の中でそのまま冷ます
食べ方：豆ごはん、卵とじ、汁物

そら豆

下処理：使う直前にさやから出し、
薄皮をむく
ゆで方：80℃くらいの湯（3％塩分）
冷まし方：ざるにあげて自然に冷ます
食べ方：そのまま、揚げ物

きぬさや

下処理：筋を取る
ゆで方：熱湯（塩あり）で、
ぷくっとふくらみかけたら引き上げる
冷まし方：冷水にとる
食べ方：卵とじ

いんげんはゆでたてをしょうがじょうゆで食べるのが一番おいしい！

しわなし グリーンピースは 徐々に冷ます

グリーンピースはゆでたら冷水にとってはいけないことをご存知ですか。理由は、急冷されて皮にしわが寄ってしまうからです。ぼくのやり方は、重曹と塩を溶かした熱湯でさっとゆでたら、加熱は終わり。火を消して湯の中で冷まします。グリーンピースがびっくりして縮こまらないように、ゆっくり冷ますというわけです。こうすると、皮がピンと張った翡翠《ひすい》色の美しいグリーンピースになります。重曹を入れるのは豆の皮をやわらかくし、発色をよくするためです。

グリーンピースのゆで方

（豆の量が 100 ～ 200gの場合）

❶ グリーンピースは、ゆでる直前にさやから出す（むいておくとかたくなるため）。

❷ 熱湯 1ℓ に重曹大さじ 1 と 1/2、塩大さじ 1を入れ、①を加える。ひと煮立ちしたら弱火にして 1分ゆで、火を消す。

❸ 落としぶたをし、冷めるまでおく。

❹ 水で洗い、昆布 1切れを入れた 1～ 1.5％の塩水につける。

枝豆は海水よりもしょっぱい熱湯でゆでる

枝豆をおいしくゆでるには、4％塩分の熱湯でゆでること。海水が3％くらいですから、これは相当塩辛いです。でもこのくらい塩をきかせると、ゆであがりの塩気がちょうどいいのです。手順は、まずさやの両端をハサミで切ります。これで塩気のきいた湯がさやの中にもしみ込みやすくなります。そうしたら塩でもみ、塩をつけたまま4％塩分の熱湯（1ℓの湯に大さじ2杯半の塩）で3分半ほどゆでます。ざるにあげ、うちわであおいで冷ましましょう。

ざるの上で冷ます

ゆでた枝豆を水にとると風味が損なわれるので、ざるにあげて冷まします。なお、枝豆は時間の経過とともに味が落ちるので、買ったその日のうちに食べない分もゆでましょう。

枝豆は若い大豆。成熟するといわゆる大豆になる。

トマト

DATA : p.212

おしりから星が出ているものがおいしい

トマトを選ぶときは、ヘタと反対側のおしりのほうを見てください。ここに放射状の筋目が見えるものがいいトマトです。また、持ったときにずっしりと重量感があり、皮にハリとツヤがあるものを選びましょう。ぼくの体感ではありますが、真っ赤なものや、見た目がきれいなものがいいかというと、そうとも限らない。だから、自分の目でしっかり見て食べて、おいしいトマトを見つけてください。

トマトのうまみ成分は昆布と同じ

トマトには、昆布のうまみ成分と同じグルタミン酸が多く含まれていて、その量は野菜の中でもずば抜けています。ですから、ぼくはトマトはだしになると考えていて、実際にトマトからだしをとることもあります。トマトのだしだから赤色なのかと思うかもしれませんが、透明の液体です。口に含むとトマトの風味がし、さわやかな酸味があります。酢を足して酢の物に使ったり、しめさばを漬ける合わせ酢に使ったりしています。

5%食塩水に入れるとヘタを上にして沈むトマトは美味。

トマトだし

〈材料〉作りやすい分量

トマト（小角に切る）…… 5個

水 …… 500mℓ

昆布（5cm角）…… 1枚

〈作り方〉

❶ 鍋にトマト、材料の水、昆布を入れて火にかけ、ひと煮立ちしたら弱火で5分ほど煮る。

❷ 火を止めてそのまま冷まし、布でこす。

家庭なら、皮も種も取らなくていい

種のまわりをチェック

切ったときにゼリー状の部分がぎっしりと詰まっているトマトは、糖度が高くおいしいです。トマトのうまみ成分はこの部分に多いといわれています。

そもそも皮や種を取るのは、実と食感が異なるため、それをそろえて口当たりをよくするのが目的です。皮のめくれや、種の混ざりをなくし、見た目を美しくするためでもあります。これらは料理屋の仕事であり、家庭ならたいした問題ではないのだから、取らなくていいというのがぼくの基本の考え。こうしたことが気になるときや、皮の違和感が苦手な人は取ってください。

皮を取るときは湯むきで

トマトはヘタを取り、たっぷりの熱湯にさっとくぐらせ、冷水にとります。ヘタのところがめくれるので、そこをとっかかりにして皮をむきましょう。

夏の食欲のないときは、トマトぶっかけめし！

トマトの食べ方で、ぼくが大好きなのが「トマトごはん」です。1cm角くらいに切ったトマトにしょうがのみじん切りと塩を加えてさっと混ぜます。トマトの水分が出てきたところで、熱々のごはんにかける。これだけです。トマトに塩をふることで水分が出てきて、お茶漬けのようになるんです。それがまたおいしい！ さっぱりしていて、さらさらっと食べられます。

トマトジュースごはんもおすすめ

トマトごはんよりもっと簡単なのがトマトジュースごはん。塩を加えられていないトマトジュースを半量の水で割り、薄口しょうゆ少々で味つけ。冷やしてからごはんにかけて召し上がれ。

フルーツトマトはがんばり屋。水も肥料もちょっとだけで育つ。

なす

DATA：p.212

風邪をひかないように新聞紙で包んで冷蔵庫へ

新鮮ななすにはとげがある

ヘタの部分にあるとげがピンと張っていて、触ると痛いくらいのものが新鮮です。

なすは寒さと乾燥が苦手な野菜で、冷蔵庫に入れると低温障害を起こし、種のまわりが茶色くなったり、皮に茶色のへこみができたりする場合があります。また、低温障害とまでいかなくても、冷蔵庫に入れると皮も実もかたくなってしまいます。ですから、冷蔵庫に入れるときは新聞紙に包んでポリ袋に入れ、野菜室で保管しましょう。なすだって風邪をひいてしまいますからね。

切ったら水につけて
アク抜きを。
ただし、さっと！

なすを切ったまま放置しておくと切り口が黒く変色してしまうので、切ったらすぐに水に放ち、アクを抜きます。ただし、抜きすぎると、なすの持ち味がなくなって、おもしろみがありません。ですからさっと洗う程度にとどめましょう。

揚げるなら水気は
しっかりふく

水につけたなすを揚げるときは、しっかり水気をふきとることをお忘れなく。水がついていると油がはねます。

なすの揚げ煮をおいしく作るコツは、なすを揚げたあと、冷水の中でにぎるようにもむことです。こうすると、繊維がほぐれてスポンジのようになり、味がしみ込みやすくなります。すると、煮る時間が短時間ですむので、美しい色も保てます。揚げることは表面にワックスをかけるようなものですが、その効果も長く煮れば損なわれてしまうので、できるだけ短時間で仕上げる技というわけです。

なすの揚げ煮

〈材料〉2人分

なす……4個

A
- だし汁……450mℓ
- 薄口しょうゆ……30mℓ
- みりん……15mℓ

揚げ油……適量

〈作り方〉

1. なすはヘタを取り、縦に切り目を1cm間隔で浅く入れる。なす2個に竹串を刺してつなげる。
2. 160℃の揚げ油に①を入れ、返しながら3分揚げる。冷水にとり、軽く手でもみ、水気をきる。
3. 鍋にAとなすを入れて火にかけ、煮立ったら火を弱め、1～2分煮る。

揚げなすを水でもむと、色も味のしみもよくなる

竹串を刺すと、なすが暴れない

なすを丸ごと揚げるときは、2個を1本の竹串で刺してつなげた状態にして、油の中に入れましょう。こうすると、なすが安定して、油の中でくるっとひっくり返りません。

ピーマン

DATA：p.214

食感と形を生かしたいなら縦に切る

腐敗は伝染する

ひとつ傷むといっしょに袋に入れていたほかのものも傷みやすくなるので、傷んだものは取り除きましょう。

繊維は、ヘタを上にして置いたときに、上下の方向に走っています。ピーマンのシャキシャキ感を楽しみたいのなら、繊維に沿って縦に切りましょう。逆にやわらかく食べたいときには横に切ります。また、加熱後にピーマンの形を生かしたいときは縦切りです。たとえば、チンジャオロースーに入れるピーマンなら食感と見た目を重視するので、縦に切ります。横に切ると、くるくると丸まって見栄えが悪いですからね。

バナナピーマンという名のピーマンがある。

ピーマン

苦みが苦手なら、焼いて皮を取ると甘みが出る

ピーマンには独特の苦みがあり、それが苦手な人も多いことでしょう。ピーマンは焼いて皮をむくと苦みが弱まり、甘みが出ます。縦半分に切って種とわたを取り、網の上にのせて直火で皮全体が真っ黒になるまで焼いてください。あら熱がとれてから皮をむけば、苦み控えめピーマンのできあがりです。

カラフルなピーマンは彩りに活躍する

料理に赤色を足すと、それだけで華やかになり、食欲もそそられます。けれど、赤い食材って案外少ないんです。だから、ピーマンの赤や黄、オレンジなどのカラフルな色は彩りにとても重宝します。たとえば、ぼくはひじきの煮物にパプリカを使います。黒いひじきにきれいな色がよく映えて、気に入っています。

ピーマンとパプリカは兄弟関係

緑のピーマンとパプリカは同じ仲間で、どちらもピーマンとして分類されます。赤や黄、オレンジ色のカラフルなものは、はじめからその色をしているわけではなく、緑色のピーマンやパプリカが熟したものです。

黒色のパプリカは、加熱すると緑色に戻ってしまう。

野菜の縦、横の切り分け

縦に切る

- □ 加熱してもその形が残りやすい
- □ 歯ざわりがいい
- □ 繊維が長いので噛み切りにくい

横に切る

- □ やわらかくなって食べやすい
- □ 香りを強く感じる
- □ 加熱すると折れ曲がって
  形が生かしにくい

上記の特徴を踏まえて

作る料理はどこを目指したいのかを考え、縦に切るのか横に切るのかを決めます。料理も「デザイン」をするわけですね。もし難しければ、やわらかく食べたいなら横、そうでないなら縦というように、食べやすさを考えて決めてください。

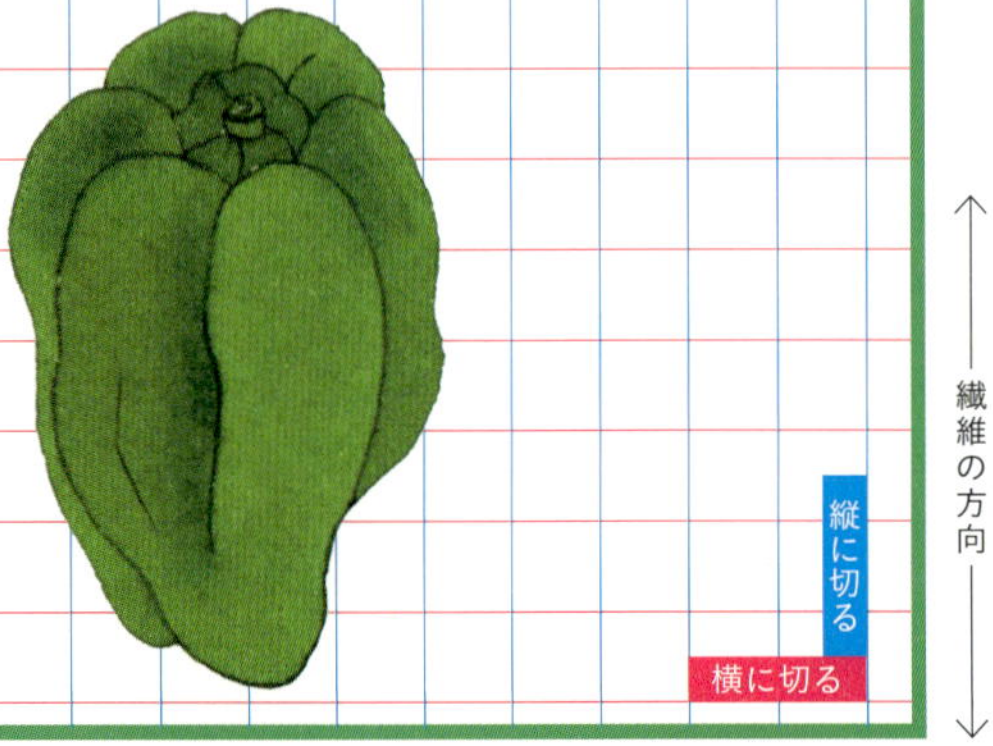

たけのこは、穂先は縦に、かたい根元は横に切り、1本で縦にも横にも切る野菜です。

かぶ

DATA : p.208

野菜〈根菜類〉

かぶの皮を料理屋では厚くむきますが、あれは煮るからです。皮は実よりも火の通りが遅いので、ちょうどいい仕上がりの時間がそろいません。それで、厚くむくのです。だから、生で食べるなら薄くむけばいいですし、なんならむかなくてもかまいません。むき方は、りんごのようにぐるぐるむいても、縦にむいてもどちらでも。ただ、生で食べるときに厚くむくのがいけないわけではありません。厚くむいても、左ページで紹介したような方法で食べればいいので、もったいなくはありませんよ。

生で食べるなら 皮は薄くむけばいい。むかなくてもいい

かぶの断面を見ると、皮の内側にひとまわり小さい円があるのがわかるでしょう。これは筋で、ここを境界線にして火の通り時間が違います。だから、加熱するときはこの筋より内側まで皮をむきます。火を入れるときは、「80℃くらいの温度でゆっくり」。これが、かぶらしさを味わうコツです（→p.35）。厚くむいた皮は捨ててはいけません。消化を助ける酵素はこちら側にありますから。刻んだかぶの葉と合わせて塩もみすれば漬け物になりますし、きんぴらなんかもおいしいです。みそ汁の具にだってなります。

加熱するなら
円形の筋の内側まで厚くむく

春の七草のひとつ「すずな」は、かぶのこと。

かぶの皮のきんぴら

〈材料〉2人分
かぶの皮
（縦に厚くむいたもの）……4個分
かぶの葉……4個分
ベーコン（スライス）……100g
赤唐辛子（種を取る）……1本
酒……大さじ2
しょうゆ……大さじ1
サラダ油……大さじ1

〈作り方〉
❶ かぶの皮は縦半分に切り、葉は4㎝長さに切る。ベーコンは3㎝長さに切る。
❷ フライパンに油を熱し、①と赤唐辛子を炒め、しょうゆと酒で調味する。

ごぼう

DATA：p.210

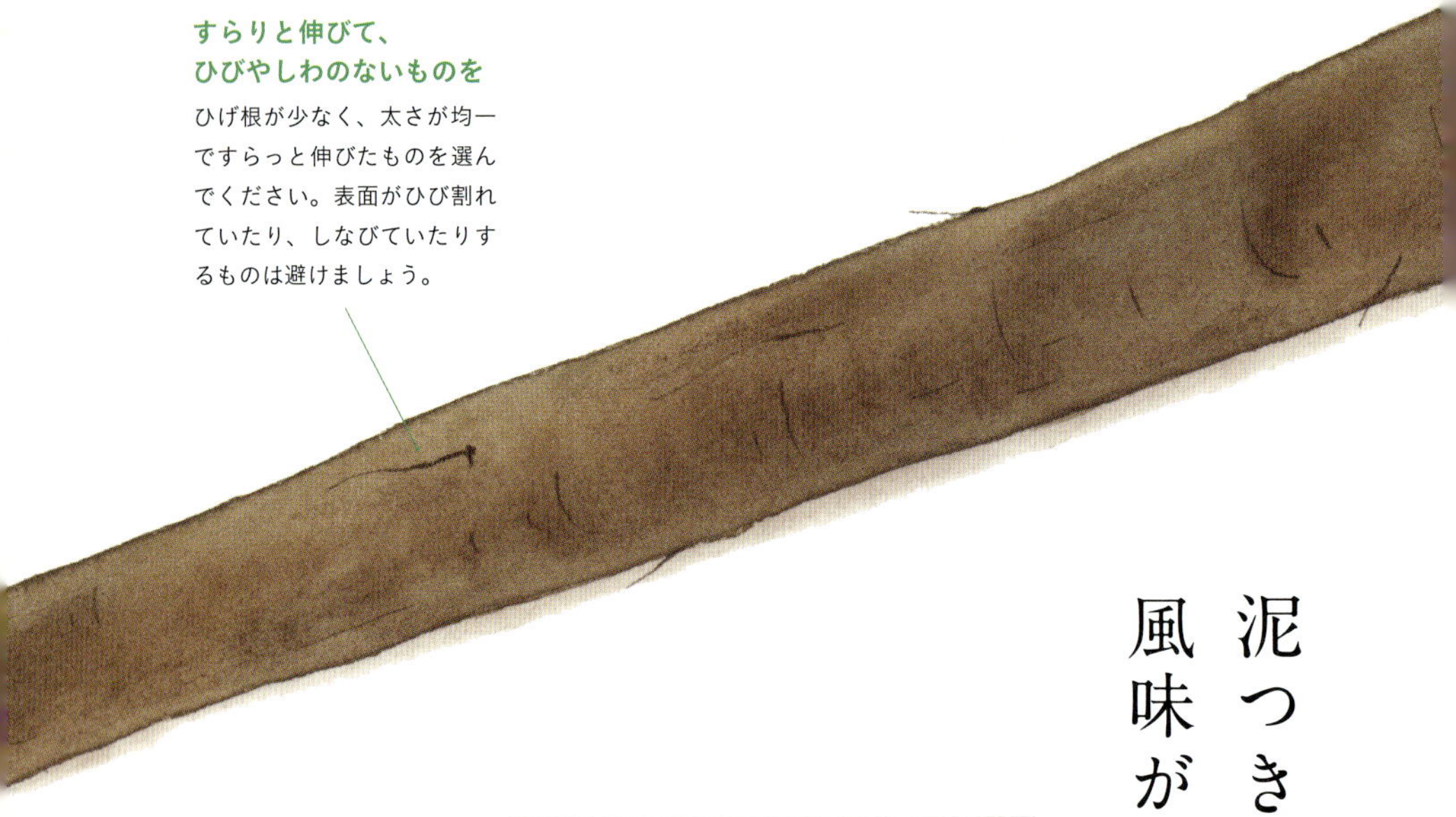

すらりと伸びて、ひびやしわのないものを

ひげ根が少なく、太さが均一ですらっと伸びたものを選んでください。表面がひび割れていたり、しなびていたりするものは避けましょう。

泥つきのほうが風味がよく長持ち

ごぼうは泥つきのものと洗ったものがありますが、おすすめは泥つきのほうです。泥つきのごぼうは香りや味わいがあるだけでなく、鮮度も保ちやすく、長持ちします。一方、洗いごぼうは水分が抜けやすく、傷みも早い。こうして比べると、どうみても泥つきに軍配があがるのがわかるでしょう。

泥つきごぼうは冷暗所に保存

泥つきのまま新聞紙に包み、ひんやりするくらいの場所で保存を。乾燥するとかたくなるので風の当たらないところがいいでしょう。

皮をごしごしするのは間違い。軽くこする程度に

ごぼうは香りがおいしさのひとつですが、これは皮の近くにあります。だから、洗うときは、流水の下で泥を洗い流しながらたわしで軽くこするくらいにとどめましょう。少し皮が残っているかなと思うかもしれませんが、そのくらいでいいのです。包丁の背でごりごりと削り落としたり、ピーラーでむいたり、たわしで真っ白になるまで強くこすったりするのはいけません。ごぼうのよさが半減してしまいます。

ごぼうあんかけうどん

〈材料〉2人分

ごぼう（すりおろす）…… 100g
うどん…… 2玉
長ねぎ（小口切り）…… 適量
A
- だし汁…… 400mℓ
- みりん、薄口しょうゆ…… 各50mℓ
- 削り節…… 5g

水溶き片栗粉
（水大さじ3、片栗粉大さじ2弱）

〈作り方〉

❶ 鍋にAを入れて火にかけ、沸騰したらこす。
❷ ①を鍋に戻し入れ、ごぼうを加えて火にかけ、沸騰したら水溶き片栗粉でとろみをつける。
❸ 器にゆでたうどんを盛り、②をかけて長ねぎを添える。

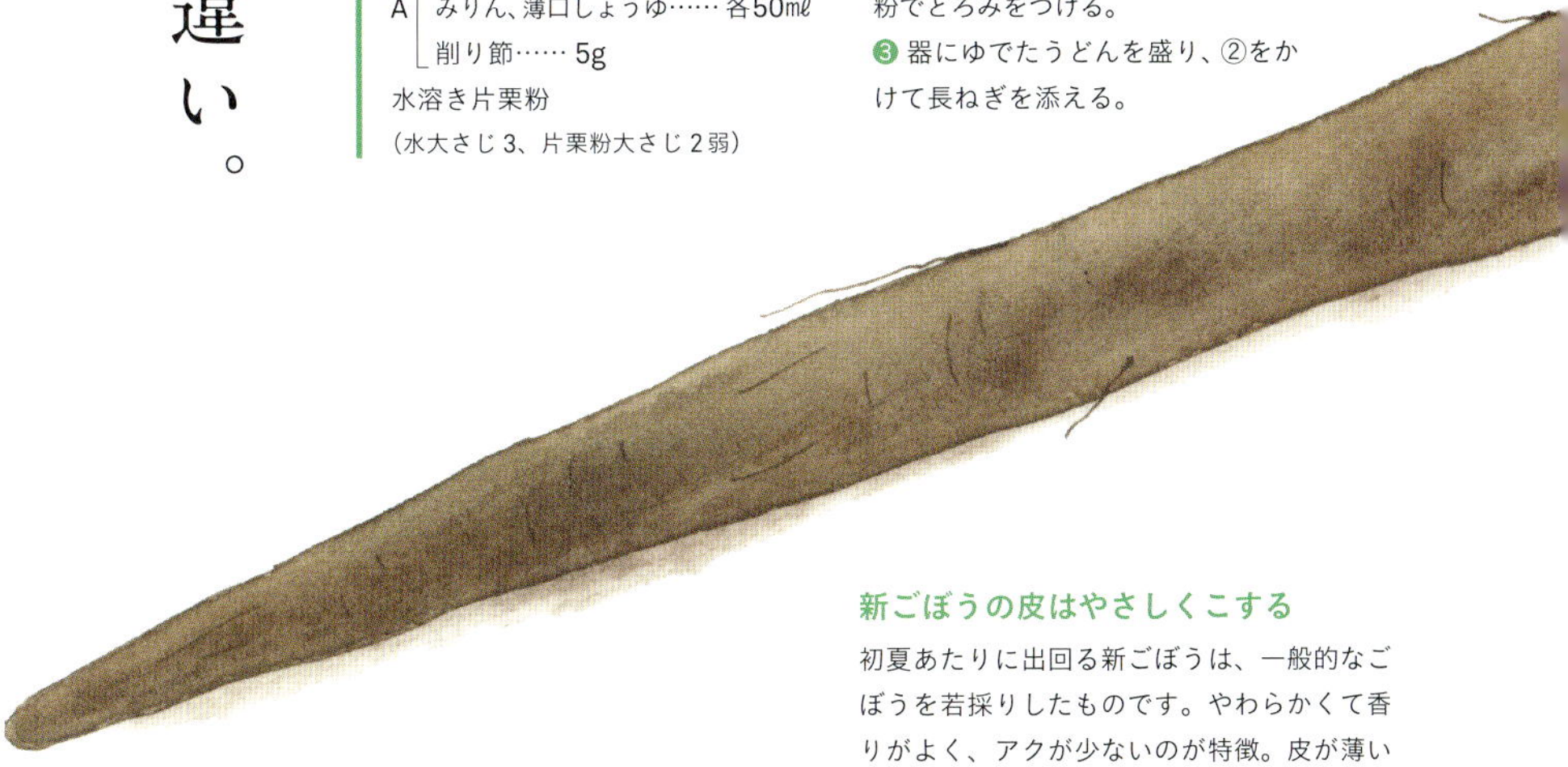

新ごぼうの皮はやさしくこする

初夏あたりに出回る新ごぼうは、一般的なごぼうを若採りしたものです。やわらかくて香りがよく、アクが少ないのが特徴。皮が薄いので、たわしでやさしくこすり洗いをするだけでかまいません。

ごぼうを食用にするのは、日本と韓国や台湾の一部だけといわれている。

アクは悪ではない。水にさらしすぎないこと

ごぼうの持ち味は香りです。水に長くつけると香りやうまみが失われ、ごぼうのおいしさが損なわれてしまいます。切ったら水にさっとくぐらせるくらいで十分です。ましてや、真っ黒になった水が汚いからと、いったん捨てて新たな水につけ替えるなんてことはもってのほか。それはごぼうのおいしさを捨てているようなものです。なお、水につけるときもゆでるときも、酢を入れる必要はありません。

ささがきは食べやすい切り方

ごぼうによく用いられるささがきは、ごぼうを回しながら削ぐ切り方です。これは結局のところ、繊維に対して斜めに切っているのと同じこと。だから、かたいごぼうを食べやすくしたいときに向きます。

アクの強い野菜についての考え方

アクは野菜の持ち味だから、抜きすぎない

これがぼくの考えの基本です。

なにせ、**アクを抜かなくてもいい場合だってある**のです。

□ 切ってすぐに使うとき
アクが回る前に使うのなら、抜く必要はありません。

□ 調味料の色が濃いとき
変色しても調味料の色で目立ちません。
それならアクのおいしさを生かしたほうがいいからです。

□ 見た目を気にしないとき
そもそも、アクを抜くのは見た目の問題が大きいですから。

もしアクを抜くのなら、

水につけるのは短時間でさっと

これが基本です。
こうしたことを念頭に、ぼくの見解をまとめました。

ごぼう	水でさっと洗う
れんこん	水でさっと洗う 仕上がりの色を白くしたい料理（酢ばすなど）は酢水につける
なす	水でさっと洗う
じゃがいも さつまいも	水でさっと洗う
やまいも類	酢水につける（白いほうが食欲がわくため）

アクがないとうまみもありません。ふきなんかはアクを抜きすぎると全然おいしくないんですよ。

大根

DATA：p.212

甘くて、やわらかく、太いので形が作りやすい上部

サラダなどで生食したいときは上のほうが向きます。煮物にもいいです。

上部は生食や煮物に。下部は薬味に

大根は上部と下部でそれぞれ異なる特徴をもつ野菜です。ですから、使い分けはこれらを念頭において考えましょう。たとえば大根おろしなら、甘いのがよければ上のほうを、辛いのが好みなら下のほうを使います。また、ふろふき大根やおでんなどは、形が大きく取れるので上のほうを使います。甘みがあってやわらかいので、そういった面でも適しています。一方、下のほうは細くて形にしにくいので小角に切って炒め煮などにするといいでしょう。

煮物に使うときは皮を厚くむく

辛くて、かたく、細いので形が作りにくい下部

刻んで薬味に使うと、辛いという特徴を生かせます。

厚くむいた皮でもう1品

むいた皮は捨てません。きんぴらに使うとほろ苦くておいしいですし、塩もみ、しょうゆ漬けなどにも使えます。

大根を煮るときは、皮を厚くむくといわれますが、あれは皮と実で火の通り時間が異なるからです。実がちょうど煮えたころにはまだ皮はかたいでしょうし、皮に火が通ったときには実は煮えすぎてしまっています。だから厚くむくのです。また、大根の辛さは皮の内側の筋のところにあります。煮物に辛さは不要ですから、その意味でも皮は厚くむいたほうがいいのです。ではどのくらい厚くむくのかというと、断面をよく見てみてください。円形の薄い線が走っているそれが筋ですから、この内側までむいてください。

皮ごとすりおろすと、どの部分でも5〜6分で辛くなります。辛みは皮の近くにありますから。

大根

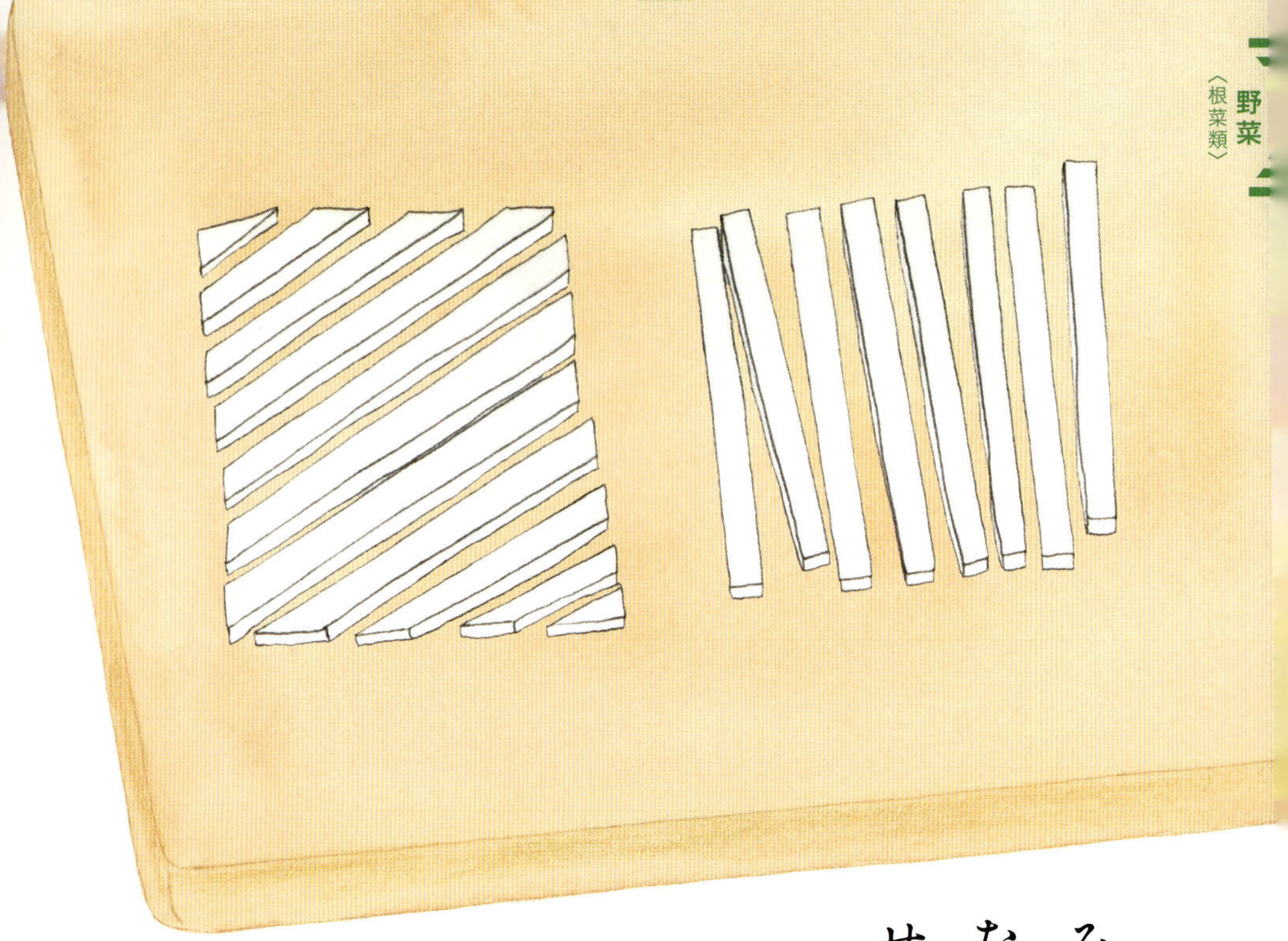

みそ汁なら縦、なますなら斜めにせん切りする

大根の繊維は葉から根の先端に向けて縦に走っています。ですから、みそ汁に使うときは煮ても折れないように繊維と同じ方向の縦にせん切りにします。せん切りは斜めに切ることもあり、たとえばなますがそうです。縦に薄く切ったら重ねて並べ、斜め方向にせん切りにします。こうすると大根がよれて丸まり、味がからみやすくなります。ラーメンの縮れめんにスープがからみやすいのと同じ理屈ですね。

米のとぎ汁でゆでると品がよくなる

大根をゆでるときは、米のとぎ汁を使うと、米のでんぷん質に大根のアクやえぐみ成分が付着して、すっきりとして品のいい味になります。米ぬかを加えてゆでてもかまいません。どちらもなければ米を大さじ山盛り1杯、または片栗粉大さじ1杯を入れてもいいです。ゆで方は、たっぷりの米のとぎ汁と大根を鍋に入れ、竹串がすーっと通るまで加熱します。そうしたらいったんとぎ汁を捨て、今度は水をはり、もう一度沸騰させます。こうすると、ぬか臭さがとれます。

日本人が一番食べている野菜は大根。（2015年の資料より）

米のとぎ汁でゆでた大根の使い道

ふろふき大根にするほか、ゆでたてをおろししょうがとしょうゆで食べるのも最高ですよ。餃子のたれをつけるのもおいしいです。網焼きにするのもいいですね。また、鶏手羽といっしょに煮るなど、煮物に使うのもおすすめです。

おでんの大根はいったん冷ますと味がしみ込む

素材に味が入るのは、100℃より低い温度の60℃前後です。いったん冷ます理由はここにあります。つまり、冷ます間に温度が下がって煮汁が大根の中にも入り込めるようになり、それで味がしみるというわけです。大根が「煮汁さん、どうぞ、お入りなさい」と戸を徐々に開けてくれるようなものです。おでんに限らず、煮物はすべて同じです。

味も形もよく煮るには凪《なぎ》の煮汁で火を通す

強火で火を通すことは荒海を航海しているようなもので、味や形に傷がつきます。穏やかな火力のほうが時間はかかりますが、味がよく形も変わらず煮られます。

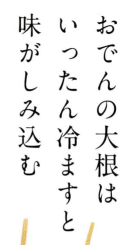

玉ねぎ

DATA：p.212

首の部分をチェック

首の部分が締まっていて、押すとかたいものがいいです。逆に、ふかふかしていてへこむものは避けましょう。新玉ねぎも同じです。

乾燥と重さも見極めポイント

見た目で見るべきところは皮の乾燥具合。よく乾いていてツヤがあるかを確認してください。そして、ずっしりと重量感があるものを選びましょう。

冷暗所保存が基本。でも新玉ねぎは冷蔵庫へ

玉ねぎは冷蔵庫に入れなくてもいい野菜です。湿気があると腐りやすいので、低温で乾燥した場所に保存しましょう。理想は日の当たらない風通しのよいところに吊るすこと。それが難しければ、湿気を防ぐためにひとつずつ新聞紙で包むといいでしょう。ただし、新玉ねぎは例外です。玉ねぎは貯蔵性を高めるために、収穫後に乾燥させてから出荷しますが、新玉ねぎはこれをしていません。冷蔵庫に入れて早めに使いましょう。ちなみに、ぼくは薄切りにした新玉ねぎと卵黄をごはんにのせる食べ方が大好きです。

新玉のせごはんは、しょうゆをかけて召し上がれ！

玉ねぎ

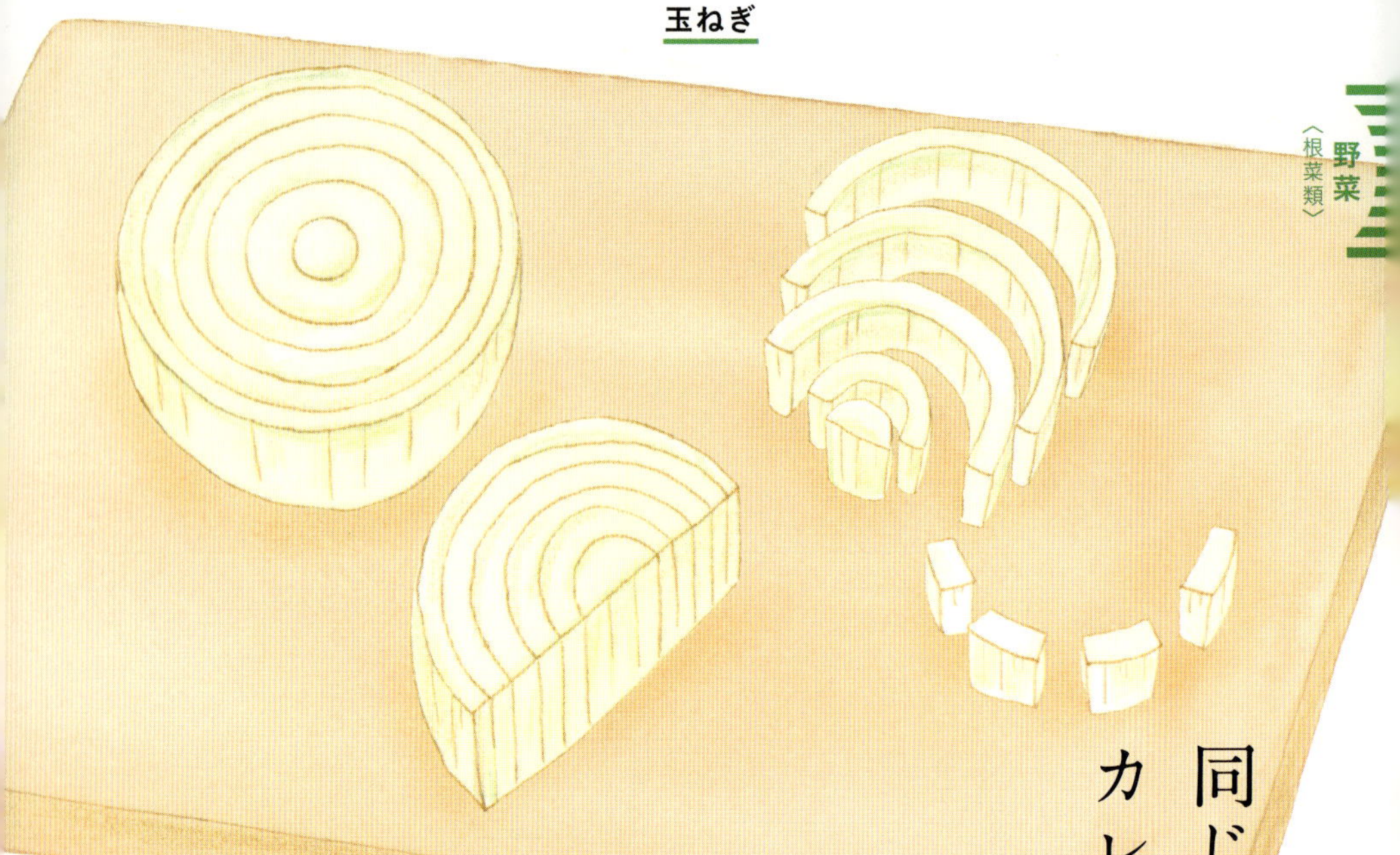

同じ形に切りたいときは
カレー切りにする

**形を残したいときは
芯をつけたままで**

肉じゃがやスープ煮など、玉ねぎの形をしっかり残したいときは、バラバラにならないように芯をつけたままくし形切りにします。

玉ねぎは、まるでロシアの郷土玩具マトリョーシカのように、中にいくほど小さくなります。ですから、四方に切ろうと思っても、内側と外側で大きさがそろいません。これは、内側と外側を別々に切ることで解決できます。輪切りにしてから半分に切ってバラバラにほぐし、内側と外側を別々に切りましょう。内側は2等分、外側は4等分というように、包丁を入れる回数を変えるのです。こうすると形がそろいます。この切り方はカレーやシチューに使うことが多いので、ぼくは「カレー切り」と呼んでいます。

じっくり加熱すれば砂糖の量が減らせる

玉ねぎは加熱をすると甘みが強くなる野菜です。ですから、玉ねぎを煮物に使うときは砂糖の量を控えめにする必要があります。これは逆の見方をすると、砂糖の使う量を減らせるということ。砂糖を控えたいと思っている人は、ぜひ玉ねぎの甘みを活用してください。ところで、玉ねぎの甘みというと思い出すのが、若いころに作った貧乏牛丼です。牛脂を溶かし、玉ねぎを弱火でゆっくり炒めていくんですが、玉ねぎが甘くてとろーっとして、肉はなくとも牛丼風で。とてもおいしかったですね。

涙を流さないためには、よく切れる包丁を使うことですね。

にんじん

DATA：p.213

真上から見て芯が小さいものを選ぶ

にんじんを輪切りにすると、内側に円形の芯があります。ここは筋があってかたく、うまみにも欠ける部分なので、なるべく小さいものがいいです。そうはいっても買うときに切るわけにはいきませんから、その際は茎の切り口の大きさを見て、切り口が小さいものを選びましょう。茎は芯につながっているので、そこが小さいということは、芯も細いということです。縦半分に切ると、茎が芯につながっていることが理解しやすいと思います。

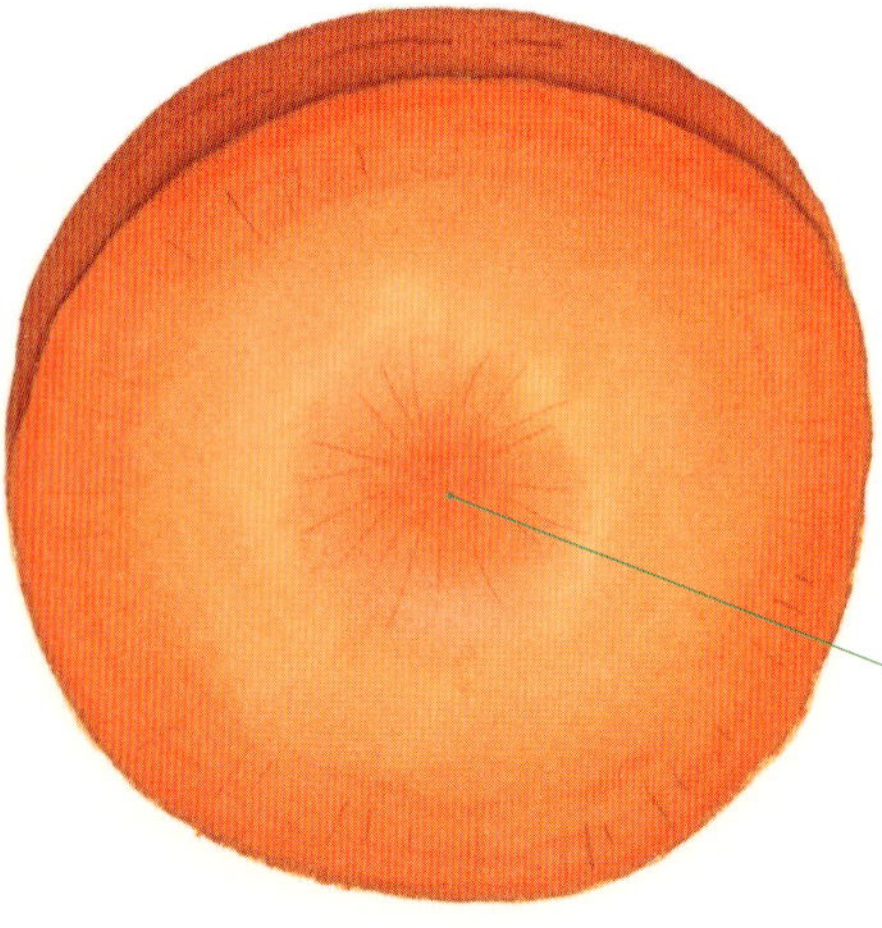

芯の小さいものがおいしい

輪切りにしたときに、中心にある円形部分が芯。ここが小さいものが、やわらかくておいしいにんじんです。

皮の近くにおいしさがある

にんじんは皮の近くがおいしいので、洗うときはたわしでこする程度にとどめ、むく必要はありません。にんじんの皮は大根のようにかたくはないので、むかなくても口当たりが悪くなることはないですしね。どうしても気になるのならば、薄くむきましょう。ちなみに、皮は実より栄養があるといいますが、それはごくわずかの差で、少しだけ多いといった程度です。

上から下まで
濃いオレンジ色のものを

皮の色が濃く、ハリとツヤのあるもので、持ったときにずっしりと重いものを選びましょう。表面が黒ずんでいるものは避けたほうがいいです。

にんじんは独特の香りで嫌われ者だったが、品種改良が進み、苦手野菜の常連から脱却。

れんこん

DATA：p.215

切り口で鮮度を確認

切り口が白いものを選びましょう。色が変わっていたり、穴の中が黒ずんでいたりするものは鮮度が落ちています。

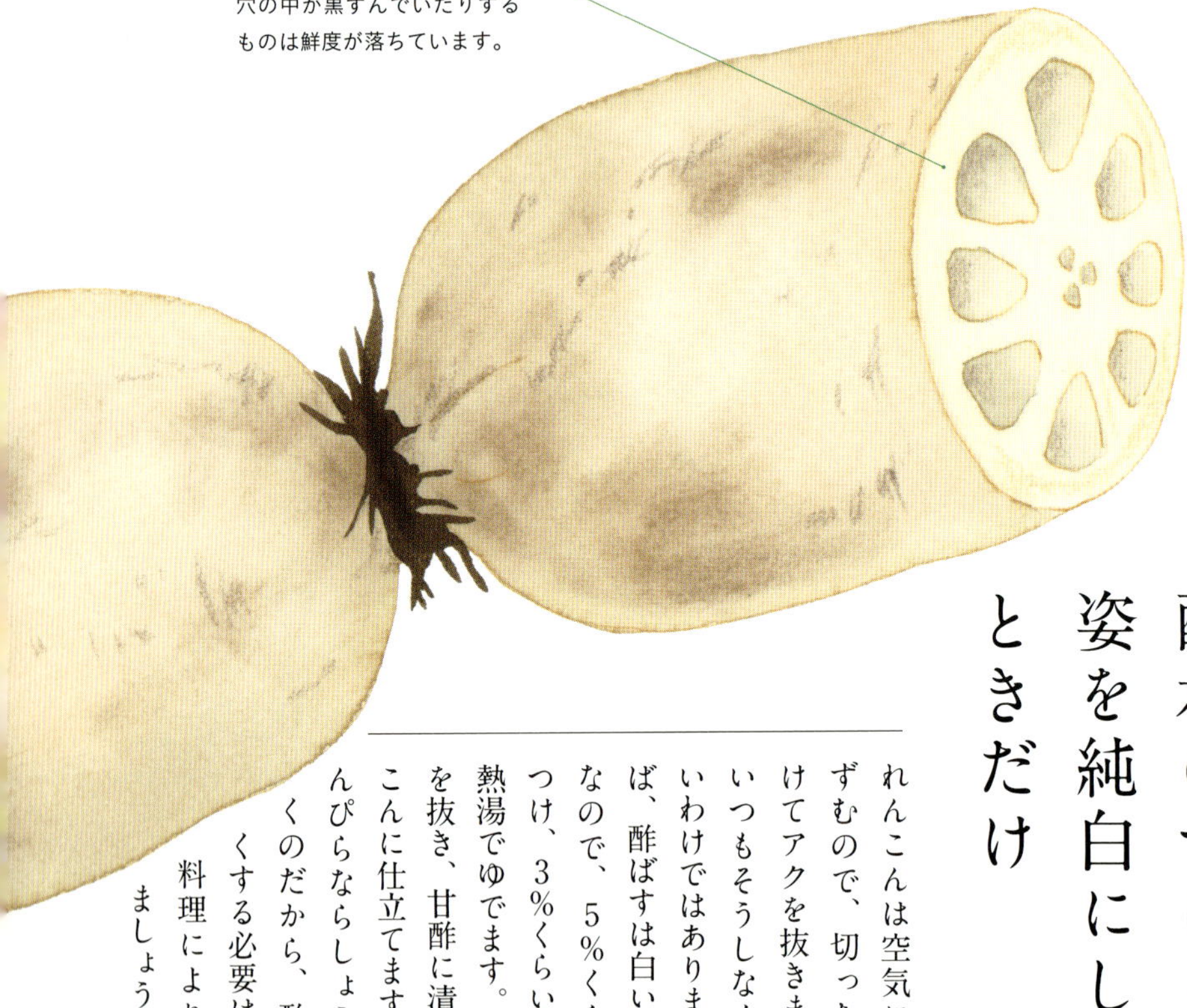

酢水につけるのは、姿を純白にしたいときだけ

れんこんは空気に触れると黒ずむので、切ったら酢水につけてアクを抜きます。しかし、いつもそうしなくてはいけないわけではありません。たとえば、酢ばすは白いほうがきれいなので、5%くらいの酢水につけ、3%くらいの酢を加えた熱湯でゆでます。水で洗って酢を抜き、甘酢に漬けて白いれんこんに仕立てます。けれど、きんぴらならしょうゆの色がつくのだから、酢につけて白くする必要はありません。料理によりけりで決めましょう。

切り方と加熱時間で、食感が変幻自在

れんこんは縦に切るとシャキッとした食感で、すりおろすともちもちやとろとろといった口当たりになります。また、さっと火を通すとシャキッとした歯ざわりのよさが楽しめ、長く火を入れるともっちりします。このように、形状や加熱時間の違いでまったく食感が異なるおもしろい野菜です。なお、すりおろしたれんこんに、みじん切りのれんこんを混ぜれば、ひとつの料理に複数の要素を入れることもできます。ここに白玉粉を混ぜて水分調整をし、丸めて揚げれば、「もちっ」と「シャキッ」が楽しめるれんこんまんじゅうができます。

れんこんの穴は「先の見通しがきく」とされ、縁起がいい。

れんこんせんべい

〈材料〉4人分

れんこん（薄切り）…… 100g

塩…… 少々

揚げ油…… 適量

〈作り方〉

❶ れんこんは薄い酢水に5分つけたあと、水に5分つける。水気をきってざるに並べ、風に半日ほどあてて乾かす。

❷ 揚げ油を160℃に熱し、れんこんを入れ、泡が出なくなるまでゆっくりと揚げる。油をきって塩をふる。

さつまいも

DATA：p.210

電子レンジより焼くほうが甘みが強い

さつまいものでんぷんが糖化するのには時間が必要です。ということは、電子レンジで短時間加熱をするよりも、蒸し器で時間をかけて蒸すほうが甘みが強く、それよりもオーブンでじっくり焼くほうが濃厚な甘みが引き出せます。実際、電子レンジで加熱したものを食べると、甘みが弱くあっさりしていることが実感できるはずです。とろ～りと甘みの強い石焼きいもはこのいい例で、じっくり時間をかけて火を入れていくから、あんなに甘いのです。

黒いかたまりは甘みが強いサイン

生のさつまいもの両端からしみ出ている黒いかたまりは、蜜です。糖度が高いものほどしみ出てくるので、黒いかたまりは甘いさつまいもの証拠です。

「甘み」の下味がついているようなもの。だから扱いやすい

さつまいもは甘みの強い野菜です。いうなれば、さつまいも自身が、あらかじめ甘みの下味をつけて、下ごしらえをしておいてくれたようなものです。ですから、調理をする際は、その下味を生かし、調味料をたくさん入れる必要はありません。あとは、塩味や辛み、酸味などを足せばいいだけ。甘いだけだとぼんやりしてしまいますから、違う味を足してととのえるわけです。酸味を足すレモン煮なんかがいい例です。また、ラー油や豆板醤、山椒やこしょうなどのピリッとした辛みを足すのもおいしいです。

さつまいものピリ辛煮

〈材料〉2人分

さつまいも……150g

切り昆布（乾燥）……10g

A
- 水、酒……各100mℓ
- みりん……20mℓ
- しょうゆ……10mℓ

ラー油……適量

〈作り方〉

1. さつまいもは皮つきのまま5㎜厚さのいちょう切りにする。水にさらし、水気をきる。
2. 切り昆布は水でさっと洗い、2㎝長さに切る。
3. 鍋に①、②、Aを入れて中火にかけ、汁気がなくなるまで煮て、仕上げにラー油をたらす。

さつまいもは糖分があるので、冷蔵庫に入れてもパサつきません。

さといも

DATA：p.210

少し湿っているほうがいい

表面がしっとりしていて、かたくしまったものを選びましょう。皮の筋目がはっきりしていて、等間隔のものがいいです。

皮は、ゆでてから乾いた布巾でこするだけ

皮をむくときは、むきやすくするために熱湯でまず3分ゆでて水にとります。そうしたら、乾いた布巾でこするようにして皮を取ります。布巾ではなく、くしゃっと丸めたアルミ箔でもかまいません。こうすれば簡単ですし、包丁を使わないのですべっても怖いことはなく、さといもらしい味も残ります。包丁を使ってむきたいときは、水気があるとぬめりが出てすべるので、水分をよくふき取りましょう。

米ぬかを加えた湯でゆでると、ふっくら、やわらか

下ゆでするときの湯に米ぬかを加えると、さといものアクや粘りがでんぷんに吸着され、すっきりとゆでられます。なによりうれしいのは、ふっくらやわらかくなり、甘みが出ることです。白くする効果もあります。たっぷりの湯にひとつかみくらい入れましょう。米のとぎ汁でもいいのですが、ふっくらゆでるには米ぬかのほうに軍配が上がります。ところで、白くしたいからといっても、酢を入れてはいけません。確かに白くはなりますが、表面がかたくなってしまい、あとから味が入りません。

さといもは熱帯地方が原産なので高温多湿が好き。寒さと乾燥は苦手。

ふたをしない野菜とする野菜

ゆでるとき

ふたをしない

青菜類

火の通りが早いので、ふたをしている間がないためです。色鮮やかにゆでられるからでもあります。とくに、ほうれん草はアク（シュウ酸）が多いので、ふたをするとこもって色があせてしまいます。

ふたをする

根菜類、いも類

火の通りが遅いので、ふたをして熱量を有効に使う必要があるためです。

煮るとき

ふたをしない

- □ 大根やかぶなどをたっぷりの煮汁で煮るとき
- □ 薄味で品よく仕上げたいとき

ふたをすると、においがこもってしまうからです。だから、ふたをせずに湯気とともににおいを飛ばしながら煮ていきます。つまり、こもったにおいが気になるくらい繊細で上品な味に仕上げたい料理ということです。

ふたをする

- □ 味が濃い料理の煮汁を煮含めたいとき
- □ 煮くずれを気にしないとき

家庭の筑前煮や肉じゃがなどは、味が濃くて、だしの香りを楽しむというよりも、からんだ味を楽しみたいですし、形もそう気にする必要はありません。だからふたをして煮ます。

じゃがいも

DATA：p.211

芽には毒がある。だからえぐり取る

じゃがいもの芽に毒があることはよく知られた話ですが、毒の正体はソラニンという天然毒素。じゃがいもの芽のほか、緑色に変色した部分に多く含まれます。芽が出ていたらその部分はえぐり取り、緑色になった皮は厚くむきましょう。ちなみに、ソラニンはゆでても減らないので、下ごしらえの段階でしっかり取り除いてください。

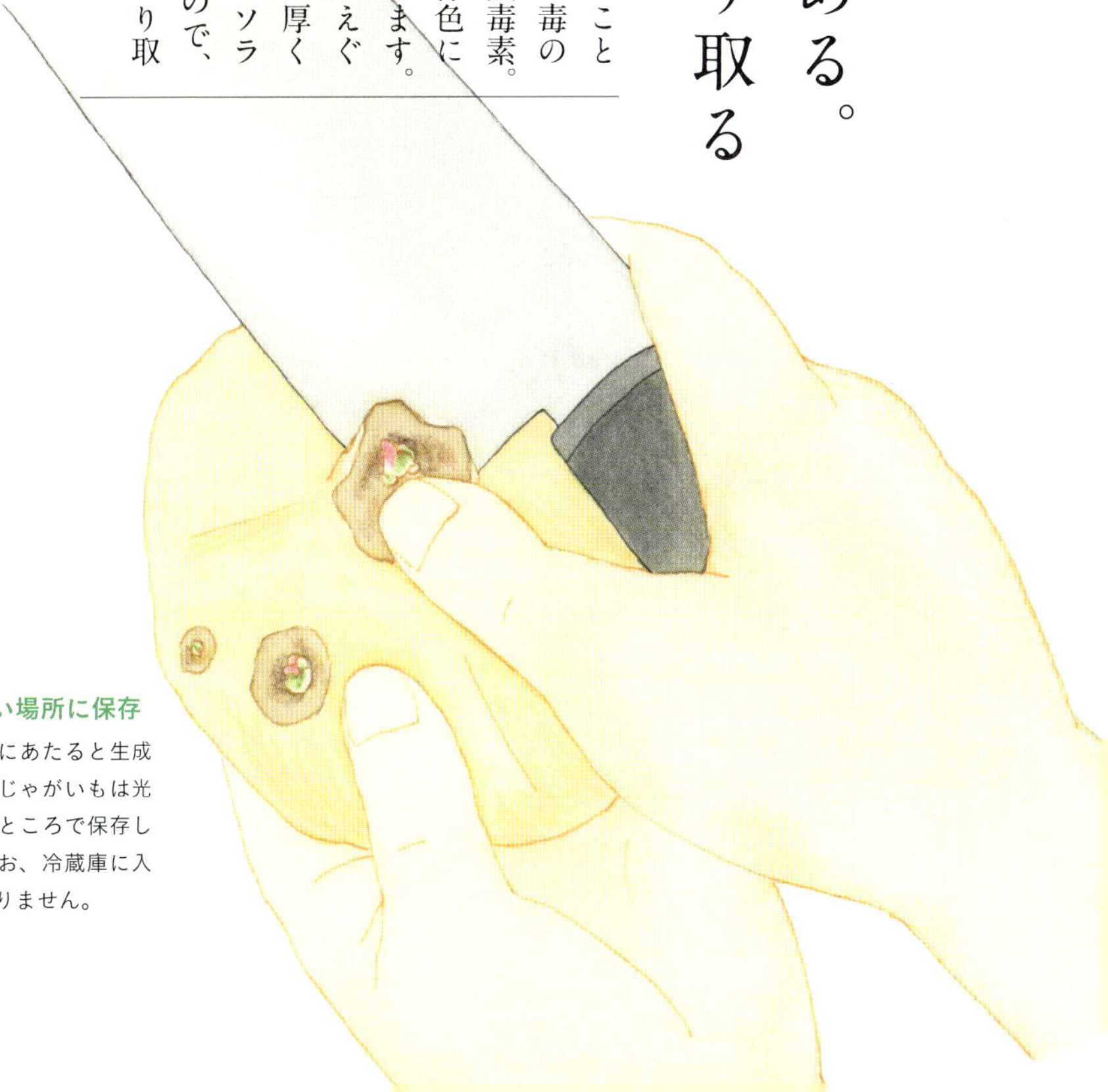

暗くて涼しい場所に保存

ソラニンは光にあたると生成されるので、じゃがいもは光の当たらないところで保存しましょう。なお、冷蔵庫に入れる必要はありません。

じゃがいもは、イモ科ではなくナス科！　ちなみに、イモ科という分類はもともとない。

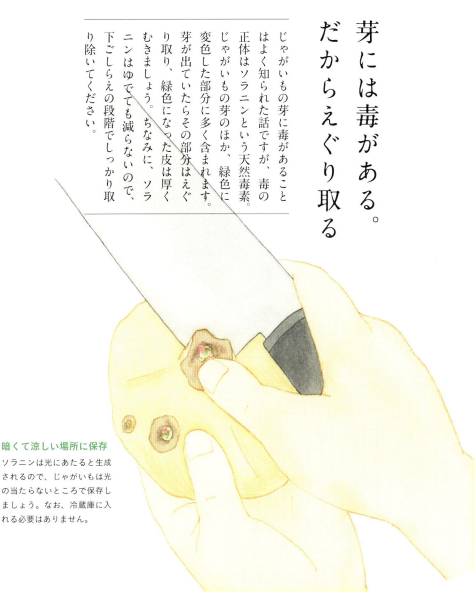

ほくほく好きなら男爵。ねっとり派ならメークイン

男爵はほくほくで煮くずれやすく、メークインはねっとりしていて煮くずれにくいのが特徴です。これをどう使うかは好みですが、ぼく流の使い分けをお伝えしましょう。まず男爵は肉じゃが、ポテトサラダ、コロッケなどに。煮物の煮くずれを嫌がる人もいますが、ぼくはむしろ少し煮くずれたくらいのほうがおいしいと感じます。メークインはカレーやシチューに。ソースが完成しているので、形がくずれないほうがきれいだと思うからです。せん切りをさっとゆでて、からしじょうゆで食べるのもいいでしょう。

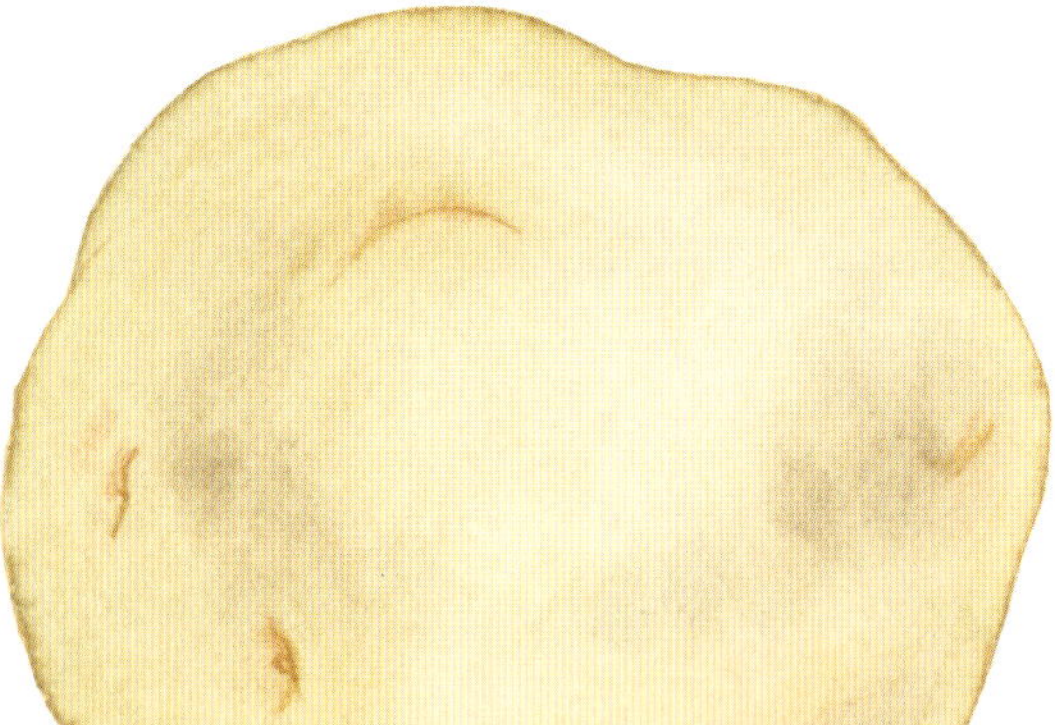

つるり肌で
重いものを選ぶ

表面にしわや傷がなく、でこぼこが少なくて、芽が出ていないもの、持ったときに重みがあるものがいいです。

じゃがいものおもな品種

近年は男爵とメークインの二大品種に加え、さまざまな品種が見られます。
じゃがいものおもな品種の特徴をまとめました。

	味	食感	煮くずれ	向く料理
アンデスレッド	甘みが強く、なめらかな舌触り	ほくほく	しやすい	・フライ ・サラダ
キタアカリ	栗じゃが、黄金男爵とも呼ばれ、甘みがある	ほくほく	しやすい	・ポテトサラダ ・コロッケ ・ふかしいも
インカのめざめ	栗やさつまいもにたとえられる濃厚な味。きめ細かく舌触りはなめらか	ほくほくとねっとりの中間	しにくい	・煮物 ・ふかしいも ・フライ
トウヤ	しっとりしていて、舌触りは非常になめらか	ねっとり	しにくい	・煮物 ・(さっとゆでて)サラダ
ニシユタカ	あっさりした味で、肉質がかため	ねっとり	しにくい	・煮込み料理 ・カレー ・シチュー ・おでん
レッドムーン	さつまいもを思わせるような甘みがある	ねっとり	しにくい	・煮物 ・シチュー

ぼくは男爵派。甘みがあってほくほくしていておいしいですね。

さっぱりしている新じゃがは、うまみを補う

新じゃがは、でんぷん質が少なくて水分が多く、さっぱりとしています。そのため、調理の際は、普通のじゃがいもよりもだしや調味料をきかせると覚えましょう。たとえば、甘辛く煮るのもいいですし、鶏のスープで煮るのもいい。コクを補うベーコンともよく合います。ぼくの故郷の福島では、ゆでたり揚げたりした新じゃがをみそとからめて食べていました。新じゃがは味がしみにくいので外にからめて食べさせようというわけですね。

新じゃがのみそ炒め

〈材料〉4人分

新じゃがいも……300g

A
- 長ねぎ（みじん切り）……1本分
- にんにく（すりおろし）……1片分
- みそ……80g
- 砂糖……大さじ2

サラダ油……大さじ1

〈作り方〉

❶ じゃがいもは皮つきのまま4等分に切る。鍋に入れ、水を加えて火にかけ、やわらかくなるまでゆでる（小いもなら丸ごとゆでる）。

❷ Aを混ぜ合わせる。

❸ 鍋に油を中火で熱し、①を転がしながら炒める。表面がすき通ってきたら②を加え、香ばしいにおいがするまで炒める。

湯気がふわ〜と出るくらいの火加減でゆでる

じゃがいもをゆでるときは、ぐらぐら沸いた湯ではいけません。湯が沸き立っていると煮くずれてしまうからです。そうなる手前の80℃くらいが適温です。湯の状態でいうと、湯気がふわ〜と少し出るくらい。これは煮るときも同じです。では、電子レンジで加熱するのはどうかというと、ぼくはあまりおすすめしません。でんぷんが糖化するのには時間が必要で、短時間加熱ではそれが引き出せないからです。ゆでたほうがおいしいですよ。

料理屋で煮物を担当する「煮方」は、せっかちではだめ。腰を落ち着けられる人が向いています。

4つに切って水からゆでる

じゃがいもは皮ごと4等分に切ってゆでると、皮がむきやすいです。なお、ゆでるときは水からです。そうすれば、均等に熱が入ります。

ポテトサラダは温かいほうがおいしい

つぶすときは熱いうちが勝負

熱いうちだと簡単につぶすことができますが、冷めるとつぶしにくくなります。すると、無理矢理つぶすことになり、粘りが出てしまいます。

ポテトサラダは冷たいものだと思っているかもしれませんが、じゃがいもはでんぷん質なので冷めるとまずくなり、舌触りも悪くなります。実は少し温かいくらいのほうがおいしいのです。そのほうが味が入りやすいですし、ほくほくしていて食感もいい。温かいところに調味料を入れてぜひ食べてみてください。

シンプルポテトサラダ

〈材料〉2人分
じゃがいも（ひと口大に切る）……150g
クリームチーズ（小角に切る）……60g
マスタード……小さじ1
ごま油……大さじ1/2
塩……少々
薄口しょうゆ……小さじ1/2
青のり……大さじ1

〈作り方〉
❶ じゃがいもはゆでて水気をきり、熱いうちにクリームチーズ、マスタード、ごま油を混ぜる。
❷ 塩と薄口しょうゆで味をととのえ、青のりを混ぜる。

マヨネーズに合う野菜と合わない野菜

でんぷん質の野菜

○

- ☐ じゃがいも
- ☐ かぼちゃ
- ☐ さつまいも

水分が多い野菜

×

- ☐ 大根
- ☐ キャベツ
- ☐ レタス

↓

合わない理由は、
マヨネーズを混ぜると野菜から水が出てくるからです。
それならば、水分を抜けばいいだけのこと。
水っぽい野菜と粘度のあるマヨネーズをつなぐために
「味の道」を作るのです。

それには次のような方法があります。
1：塩をふって水分を出す …… **大根、きゅうり**など
2：ゆでて水気をしぼる …… **キャベツ**など
3：あえるのではなく、直前にかける …… **レタス、トマト**など

マヨネーズが長持ちするのは、酢や塩の防腐作用のおかげ。

もやし

DATA：p.214

ひげ根は食感のよさを考えて、取ったほうがいい

「見栄えを重視する料理屋のやり方を、むやみに家庭に取り入れるのはよくない」というのがぼくの基本の考えですが、もやしのひげ根に関しては、取ることをおすすめします。なぜなら、ひげ根ともやしの食感に差がありすぎるからです。ひげ根がじゃまをして、もやしのシャキッとしたおいしさが損なわれてしまいます。取ると格段に食感がよくなるので、ぜひお試しください。見た目も美しくなるという副産物もついてきますから。

1本ずつ折って取る

もやしからにょろっと出ている細い部分がひげ根です。ここを1本ずつポキッと折って取ります。反対側の豆のほうに種皮があれば、ついでにこれも取り除きましょう。

ゆでるときは超特急の10秒で！

もやしは食感が持ち味の野菜です。そこで、ゆでるときは「さっと」が鉄則。たっぷりの熱湯で10秒ゆでたら急いで引き上げましょう。ゆですぎると食感が悪くなるだけでなく、臭みが出てきます。ゆでたあと水にとるかは場合によりけりですが、冷水にさっとつけると蒸れたにおいがとれます。

もやしは足が早いから早めに食べる

もやしは傷むのが早い野菜で、すぐにやわらかくなって水分が出てきて、酸っぱいにおいもしてきます。その日のうちか翌日には食べきるようにしましょう。

もやしのもとである緑豆は、春雨にもなる。

きのこ

DATA：p.208

使いきれないときは冷凍。ほぐすと使い勝手がいい

きのこは冷凍しても状態があまり変わりません。ですから、使いきれないときは冷凍をするといいでしょう。そのとき、石づきを切ってほぐしておくと、使い勝手がよくなります。複数のきのこをまとめて保存袋に入れれば、自家製の冷凍きのこミックスのできあがり。凍ったまま煮物、汁物など、どんな料理にも使えます。

しめじの石づきは小分けにしてから切る

しめじの石づきをいっぺんに切ろうとすると、むだが多く出てしまいます。まず小分けにして、それからそれぞれの石づきを切りましょう。

きのこのおもな種類

店頭に並ぶきのこの種類が増え、
その違いに迷うことはありませんか。
そこで、おもなきのこの特徴をまとめました。

	香り	歯切れ	だしの出やすさ
しいたけ	○	○	○
えのきたけ		○	
しめじ	○	○	○
まいたけ	○	○	○
エリンギ		○	
ひらたけ	○		○

下処理法

- 煮物
- お吸い物
- 炊き込みごはん

→ さっと湯通しする（→ p.103）。

- 焼き物
- 炒め物
- 揚げ物

→ 洗わない。気になるならば、布巾かペーパータオルでさっとぬぐう。

しめじは、弱火でから焼きすると、おいしさが増しますよ。

香りを生かすなら あとから加える

きのこの合わせ技で うまみをアップ

きのこは1種類だけよりも、2種類以上合わせたほうが、うまみが増します。とくに、えのきたけはうまみが出にくいので、複数種を使うほうがいいでしょう。

香りとうまみが持ち味のきのこは、料理によって入れるタイミングを変えましょう。香りを生かしたいときは、あとから加えます。うまみを出したいときは最初から入れます。

前者の例がきのこごはんや、きのこあんかけなど。後者の例には、なめこ汁なんかがあります。ただし、これもケースバイケース。きのこごはんはすぐに食べるならばあとから加えるのがいいですが、お弁当に詰めるときは食べるまでに時間があるので香りは生かせない。だから、味を煮含めてから入れる場合もあります。

さっと湯通しすると
きのこ本来の味が出る

きのこを煮物や汁物に使うときは、さっと湯に通します。そうすると、きのこのアクや汚れ、雑味がとれておいしくなります(→p.104)。ただし、冒頭にも書いた通り、湯通しするのは煮物と汁物のときだけ。煮物は素材の味がストレートに出る繊細な料理なので、こうした下準備が仕上がりのおいしさを左右するからです。焼くときや炒めるときには必要ありません。

焼きしいたけは笠のほうだけ焼きます。ひっくり返さなくてかまいません。

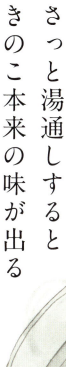

使う前に湯通しする野菜

下記の野菜は、湯通しするとアクや雑味がとれてすっきりし、
本来の味が際立ちます。

アクの強い根菜類

- □ ごぼう
- □ にんじん
- □ れんこん
- □ さつまいも
- □ さといも
- □ じゃがいも

など

きのこ

ただし、いつも湯通しするわけではありません。
湯通しするのは、煮物と汁物に使うときだけです。
これらは素材の味を感じやすい繊細な料理だからです。
油のコクに頼らないから、
素材自体の味をクリアにしておく必要があるというわけです。

湯通しの仕方は、
熱湯にさっと通して水気をきります。水にはとりません。
筑前煮など湯通しする食材が複数あるときは、
まとめて一度にしてかまいません。

ただし、煮物や汁物に使う場合でも、例外があります。
□ ごぼうなら、みそ煮やけんちん汁に使うとき
□ さといもなら、しょうゆでこってりと煮るとき
ごぼうのアクやさといものぬめりは持ち味ともいえます。
ですから、これらを生かしたいときは湯通しをしません。

にんにく

DATA：p.213

昔は和食ではタブー。今は隠し味に使う

形、重さ、乾燥具合で見極める

大ぶりでずっしりと重みがあり、茎の部分がしまっているもの、底のほうがふくらんでいて、張り出しているものがいいです。

にんにくは香りが強いため、昔は和食では使ってはいけないものとされていました。では、今はどうかというと、ぼくは隠し味やアクセントとして使っています。たとえば、すりおろしをごまだれに少し加えたり、かつおの刺し身のしょうゆに添えたり。かつおの刺し身には薄切りを生のままか、臭みを抑えたいときは揚げてのせることもあります。ただし、食べすぎると胸やけを起こすのでご注意ください。

ごまだれ

〈材料〉作りやすい分量

にんにく（すりおろし）……1片分

A［豆乳……200mℓ
　 みりん、しょうゆ……各50mℓ

練り白ごま……50g

ラー油……少々

〈作り方〉

❶ 鍋にAを入れてよく混ぜ、弱めの中火にかける。絶えず混ぜながらひと煮立ちするまで加熱し、火を止めて粗熱をとる。

❷ ボウルに練りごま、ラー油を入れて混ぜ、にんにくを加えて混ぜ合わせる。①を少しずつ加え、絶えず混ぜながらなめらかにする。

にんにくはスペイン語でアホ。

しょうが

DATA : p.211

しょうがは生に限る！

しょうがの持ち味は、風味と辛み。だから、すりおろすときは直前がいいです。そして、おろし器には繊維を断ち切る方向にあてて、すりおろしましょう。しょうがの繊維は、筋目に対して直角に走っているので、こうすると繊維が細かくなり、香りも強く感じるからです。

なお、チューブは手軽ではありますが、風味の意味では別ものです。ぼくは使いませんし、おすすめもしません。

風味は皮にあり。だから、アルミ箔で薄くむく

しょうがの皮はかたくて口に残るので、基本的にはむきます。ただし、皮のすぐ下に香りと辛み成分が多いので、なるべく薄くむいてください。そこでおすすめなのが、丸めたアルミ箔でこする方法です。アルミ箔は自由に形が変わるので、しょうがのでこぼことしたすき間にも入りやすく、都合がいいです。

新しょうがの皮はむかない

初夏に多く出回る新しょうがは、皮が薄くてやわらかいので、皮はむかずに使います。甘酢に漬けるとすしに添えられる「がり」が、梅酢に漬けると「紅しょうが」が作れます。

しょうがはしょうがから作られる（種や苗はなく、しょうがそのものを使う）。

重宝する薬味ミックス

薬味ミックスとは

わけぎ、みょうが、青じそ、しょうが、
かいわれ菜を切って合わせたものです。

使い方はいろいろ

- □ そのまま食べる
- □ あえ物に加える
- □ めん類に添える
- □ 料理にのせる
  （焼きなす、冷ややっこ、
  かつおのたたき、牛肉のたたき、
  豚しゃぶ、しょうが焼きなど）

わけぎ（または青ねぎ）3本 ➡ 小口切り
みょうが 2個 ➡ 縦半分に切って薄切り
青じそ 5枚 ➡ せん切り
しょうが 1片 ➡ みじん切り
かいわれ菜 1/2パック ➡ 2㎝長さに切る

これがぼくの合わせ方ですが、好きな分量を適当に切ればかまいません。

いいところは

- □ 苦みや辛み、香りが合わさって、単品よりも厚みのある味が楽しめます。
- □ 盛るときに形になりやすく、料理に色気がつけられます。
- □ シャキシャキと食感が心地よく、薬味というよりもサラダ感覚で食べられます。

肉・卵

肉は、豚肉、牛肉、鶏肉の３つの肉と
ひき肉を、この順番で紹介しています。
卵は鶏卵についての記述です。

部位マップ 豚肉

□ ロース

ロースは背中の肉の意。きめが細かく、やわらかい肉質。

向く料理 豚カツ、ソテー、しゃぶしゃぶなど。

□ ヒレ

ロースの内側にある。1頭分の肉量から2%ほどしかとれない希少部位。脂肪分が少ない赤身肉。きめが細かく、もっともやわらかい部位。

向く料理 ヒレカツ、ソテーなど。

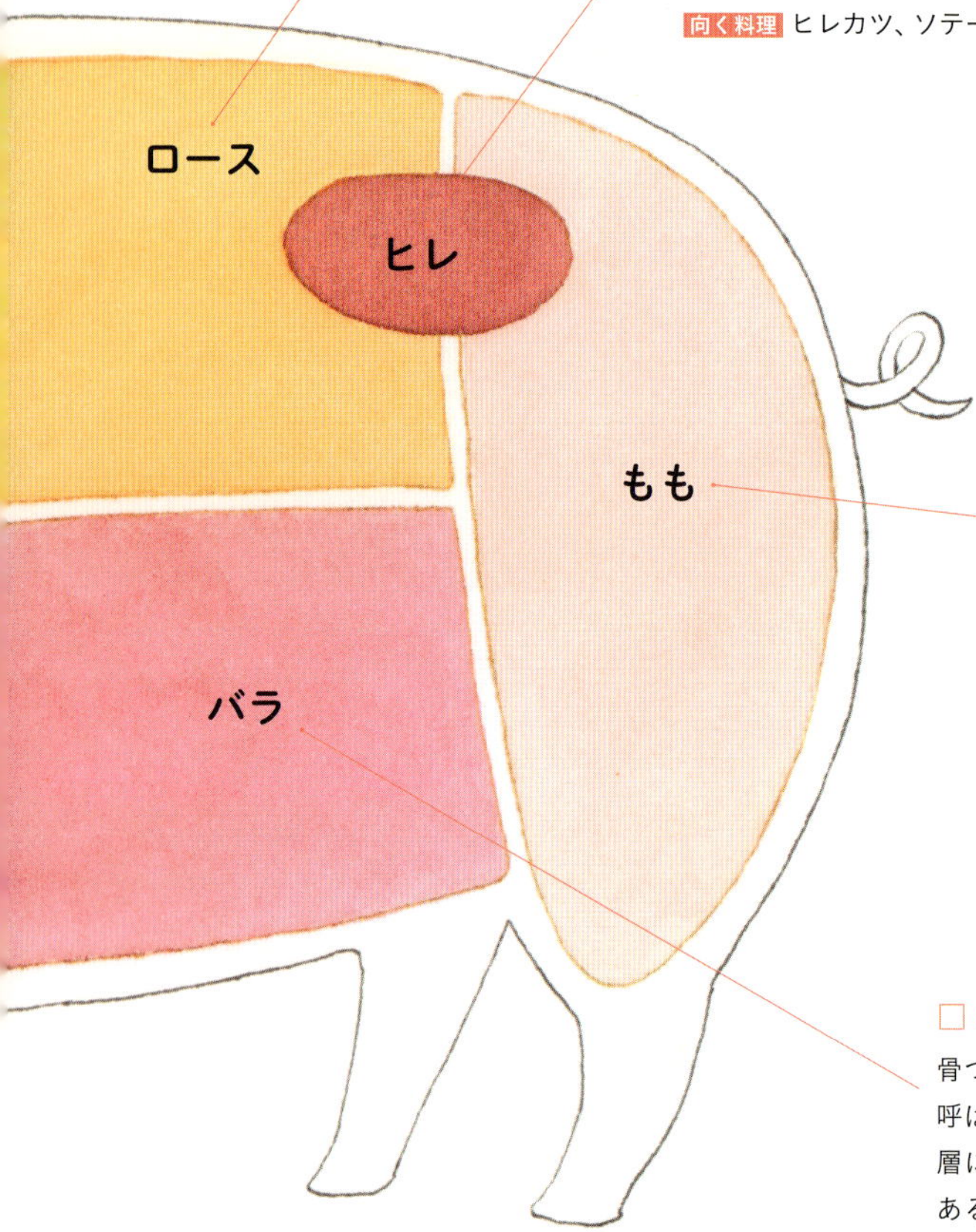

□ もも

脂肪が少なく、きめが細かくてやわらかい。お尻に近い部位は「そともも」と呼ばれ、こちらはきめが粗く、かたい。

向く料理 ソテー、焼き豚、炒め物、煮込み料理など。

□ バラ

骨つきのものはスペアリブと呼ばれている。脂肪と赤身が層になっていて濃厚なコクがある。 向く料理 焼き肉、角煮、煮込み料理、炒め物など。

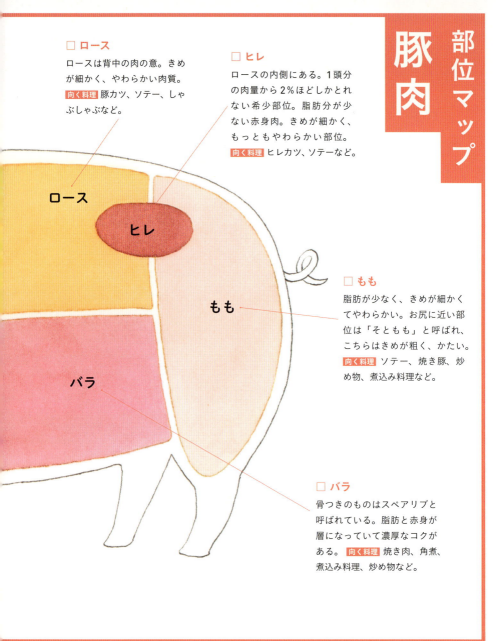

□ 肩ロース

赤身に脂肪が網目状に入り込んでいてコクがある。ロースよりもきめが粗く、こってりしている。 **向く料理** しょうが焼き、焼き豚など。

□ 肩

ややきめが粗く、肉質はかため。うまみが強く、ひき肉によく使われている。 **向く料理** 炒め物、豚汁、長時間煮込む料理など。

各部位の特徴

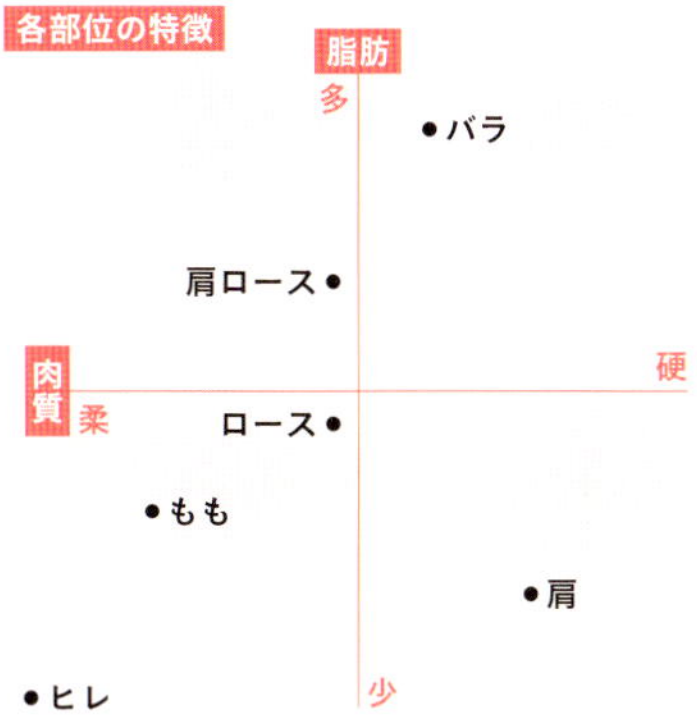

バラが一番好きな部位。うまみがあって脂肪のバランスもいいですしね。

豚肉

DATA：p.215

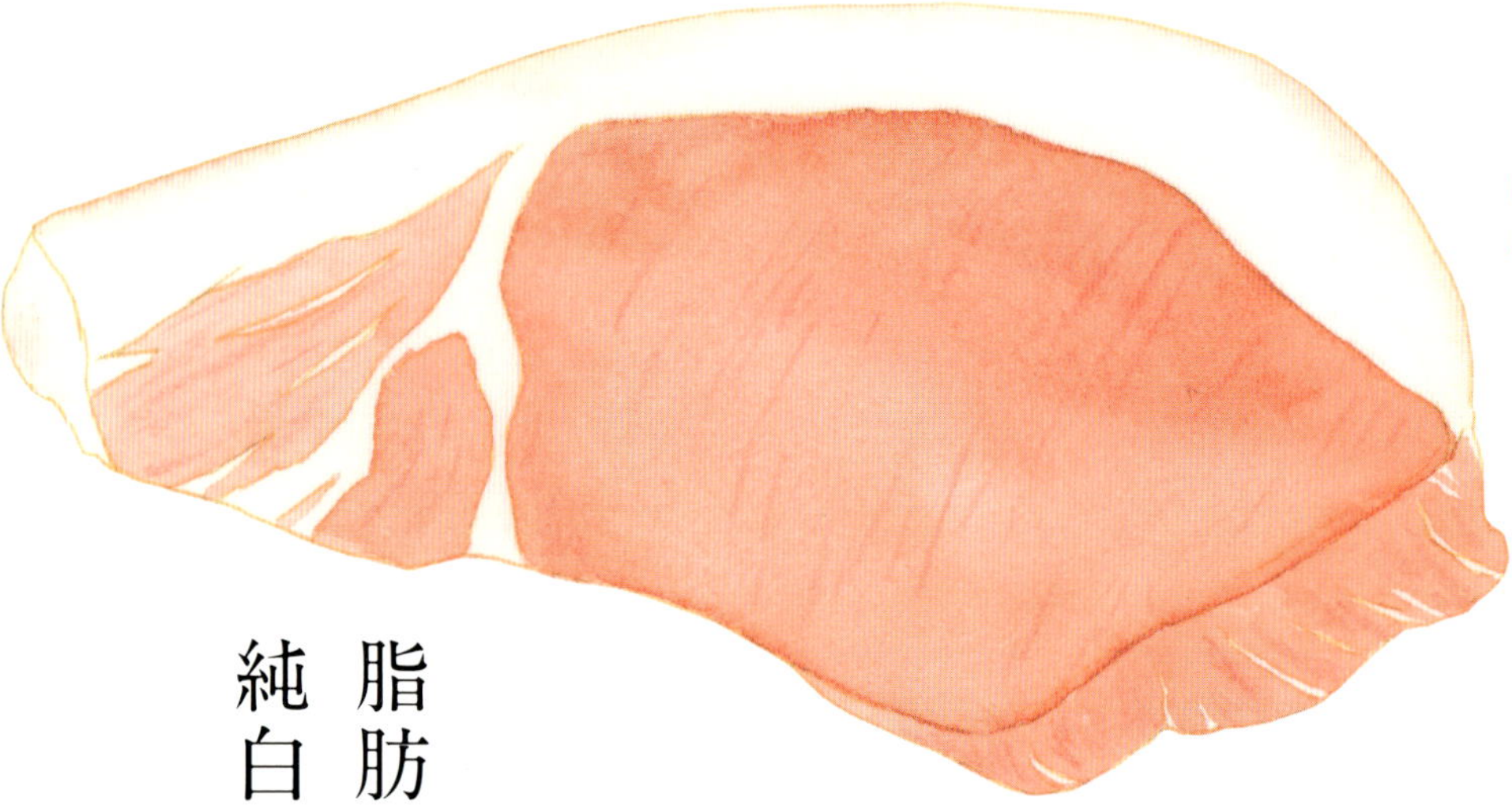

脂肪の色をチェック！純白なものがいい

薄切りであろうと、かたまり肉であろうと、見るべきところは脂肪の色。純白なものを選びましょう。濁っていたり、血がにじんでいたりするようなものは避けてください。肉の色はピンク色のものがいいでしょう。ドリップがないかも忘れずに確認してください。ドリップは肉から出た水分のことで、そこにはうまみや風味も含まれているので、それが多いものは、それだけ味が落ちています。

肉じゃがも豚汁も、肉と野菜のゴールをそろえる

肉のうまみが出るからと、調理の最初から最後まで肉を入れっぱなしにしてはいませんか。そうした肉はまずい。理由は簡単で、煮すぎだからです。たとえば、肉じゃがや豚汁なら、肉と野菜は火の通り時間が違います。それなのに同じ時間だけ煮たら、野菜に火が通るころには肉はパサパサです。それならどうすればいいかの解決法も簡単。**肉はあとから入れればいいだけです。**そうすれば、**肉と野菜の火の通り具合がそろい**、どちらもおいしい仕上がりになります。

霜降りした肉をあとから入れる

あとから入れる肉は霜降り（→p.115）したものを使います。軽く火が通っているので、あとから入れても短い時間で火が通ります。だから肉がかたくなりません。

豚はいのししが家畜化されたもの。

しょうが焼きは、肉の厚みで作り方が変わる

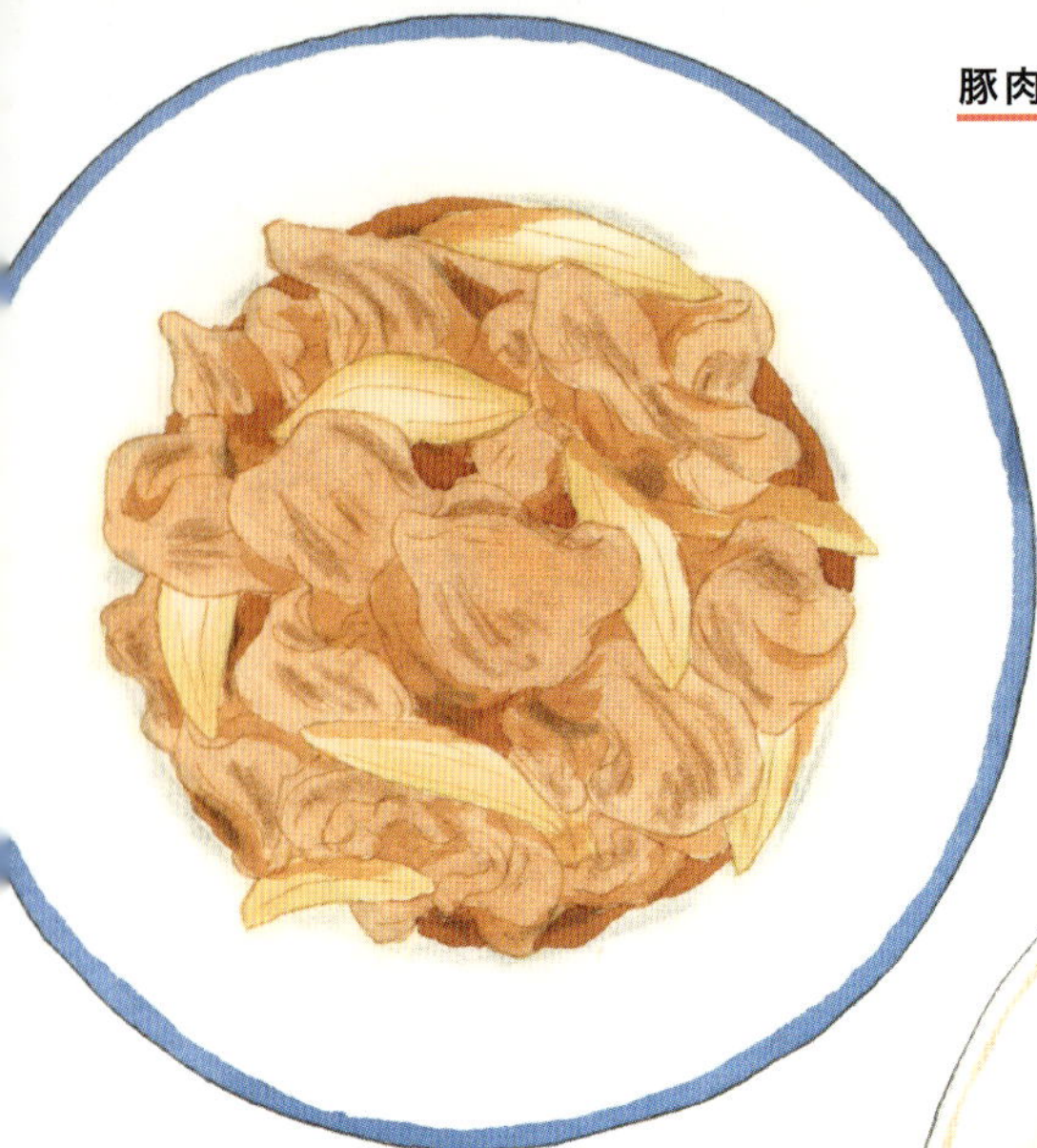

しょうがはあとから入れる

どちらの方法もしょうがのすりおろしを加えるのは最後。仕上がりの直前に入れてからめる程度です。早くから入れると苦みが出てしまい、香りも飛んでしまうからです。

しょうが焼きは、肉の厚みによって火の入れ方を変えると、それぞれのおいしさを引き出せます。まず薄切り肉の場合は、霜降り（↓p.115）して余分な汚れや脂を落としてからさっと炒めます。厚切り肉の場合は、冷たいフライパンに入れて弱めの中火でじわじわ焼いていきます。なぜこのように変えるのかというと、どちらも肉に火を通しすぎないようにしたいからです。このあとは、どちらも同じ。たれを加えてからめたら肉を取り出し、たれを煮詰め、仕上げに戻し入れてからめます。これも肉に火を入れすぎない技です。

肉の下準備は霜降りすること

霜降りとは

素材を熱湯にさっとくぐらせて、
汚れやアク、におい、余分な脂肪をとること。

利点は

- □ すっきりした味になる
- □ ほぐれて扱いやすくなる
- □ 肉に軽く火が入るので、そのあとの加熱時間が短くてすみ、肉がかたくならない

手順は

1 肉をざるにまとめて入れて熱湯につけ、表面が白くなったら引き上げる。

（ざるに入れると引き上げが一気にできて楽ですが、熱湯に直接くぐらせてもかまいません。ひき肉はぽろぽろするので、ざるにまとめると勝手がいいです）

2 水にとり、水気をきる。

基本は湯に通したあと水にとりますが、
とらない場合もあります。

- □ 1～2人分程度の少ない量のとき
- □ すぐに使うとき
- □ ひき肉

ただし、どんな料理でも霜降りをするわけではありません。

霜降りをする場合

- □ 繊細な味を楽しむ料理（煮物、蒸し物）
- □ あっさり食べたいとき
- □ アクを除きたいとき

霜降りをしない場合

- □ 味を濃くつける料理（すき焼きなど）
- □ 油のうまみを加える料理（ステーキなど）

霜降りをすると、できあがりの味がぐっとよくなる。本当です。

豚しゃぶは、気泡がぷつぷつするくらいでゆでる

豚しゃぶは、ゆで方ひとつで、仕上がりのおいしさが驚くほど変わります。ぐらぐら沸いた熱湯ではなく、鍋底にぷつぷつ気泡がつくくらい、数字でいうと80℃くらいの湯でゆでるのがポイントです。このくらいの温度の湯に豚肉を入れてさっとくぐらせ、引き上げましょう。ゆで時間は、数字にしたら1〜1分半くらいですね。この方法でゆでれば、しっとりやわらかで、とてもおいしいです。なお、ゆでた豚肉は冷水にはとりません。脂肪が固まって、口当たりが悪くなってしまうからです。

ゆで豚は、水からじわじわ加熱でしっとりジューシー！

薄切り肉でもかたまり肉でも、100℃の湯にポーンと入れてゆでると、肉は表面が一気に加熱され、かたくなります。これをぼくは「よろいを着てしまう」といっています。高温にさらされて「やけどをしてしまう」ともいえます。ですから、ゆで豚を作るときは、水から火にかけ、湯気が立つか立たないかくらいの状態で、ゆっくりゆらりゆらりとゆでます。

ゆで豚

〈材料〉作りやすい分量

豚肩ロースかたまり肉
（たこ糸でしばってあるもの）
…… 500g

塩 …… 15g（豚肉の重量の 3%）

セロリの葉（ざく切り）… 50g

長ねぎ（ざく切り）…… 50g

玉ねぎ（ざく切り）…… 100g

にんじん（ざく切り）…… 70g

A
- 水 …… 1ℓ
- 薄口しょうゆ…… 100mℓ
  （濃口しょうゆなら 120mℓ）
- 酒 …… 100mℓ

〈作り方〉

❶ 豚肉に塩をまぶし、冷蔵庫で一晩おく。

❷ 熱湯に豚肉を 1 分浸し、水で洗って水気をきる。

❸ 鍋に豚肉、野菜、A を入れて火にかけ、沸騰寸前で弱火にし、30 分煮て火を止める。煮汁につけたまま冷ます。

ゆで豚のゆで汁は薄めて汁物やうどんの汁に。野菜はポタージュにどうぞ。

肉調理のコツは65～80℃加熱

肉のおいしさ ＝ ジューシーさ ＝ 水分

だから、肉を調理するうえで重要なのは、
どれだけ保水性を残しながら火を入れられるか です。
そこで大事なのが温度です。

左ページの図を見てください。
たんぱく質は65℃を過ぎると固まりはじめ、
100℃で完全に固まります。
その間の温度帯はまだ水分が残っていて、やわらかい。
つまり、**保水性のある65～80℃で加熱する、**
これが肉調理の最大のポイントです。

厳密にいうと、肉は食中毒予防の観点から
75℃以上で1分以上の加熱が推奨されているので、
65～75℃で加熱を終えてはだめですが、
とにかく80℃を超えないようにしなくてはいけません。

そのために、あらゆる手法で調理の工夫をするわけです。
ぼくがしている工夫には、次のようなことがあります。

焼くとき	フライパンが冷たいうちに入れて火をつける (例：鶏のソテー → p.131)
煮るとき	あとから加える。途中で取り出す (例：肉じゃが → p.113)
ゆでるとき	水から火にかけて加熱する (例：ゆで豚 → p.117)
揚げるとき	途中で取り出して余熱で火を通す (例：から揚げ → p.129)

40℃
〜
60℃

肉のたんぱく質が
うまみに変わる温度

肉のたんぱく質であるミオシンは、40℃から60℃の間に、うまみ成分のイノシン酸に変わるので、この温度域をできるだけゆっくり通過するとよい。

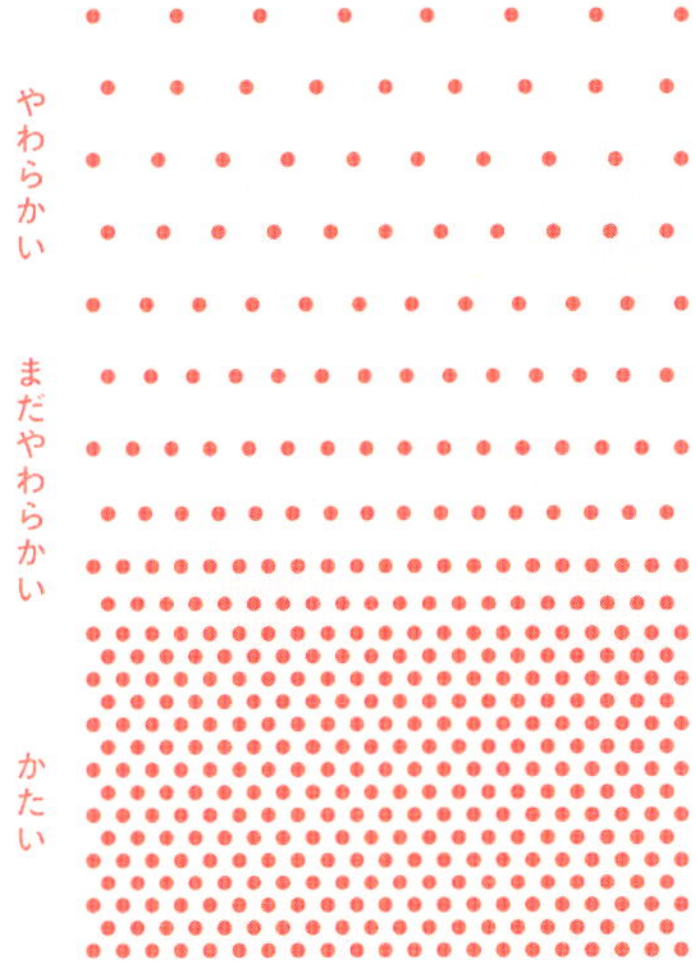

秘密ゾーン

65℃
〜
80℃

65℃＝肉が固まり
はじめる温度

低い温度のうちは、間に水分があるのでたんぱく質同士は離れている。

肉が保水性を
保っている温度

温度が上がるにつれて、段々すき間がなくなっていく。

100℃

肉が完全に固まる温度

80℃を超えて100℃になると、水分が抜けてたんぱく質がくっつき、完全に固まる。

「秘密ゾーン」が
カギをにぎる！

65〜80℃の温度帯を、ぼくは「秘密ゾーン」と呼んでいます。肉の調理は、この秘密ゾーンを超えないようにすれば、パサパサでかたい肉とは無縁のおいしさに出合えます。

肉は電子レンジ調理には向きません。熱が一気に入ってしまいますから。

牛肉 部位マップ

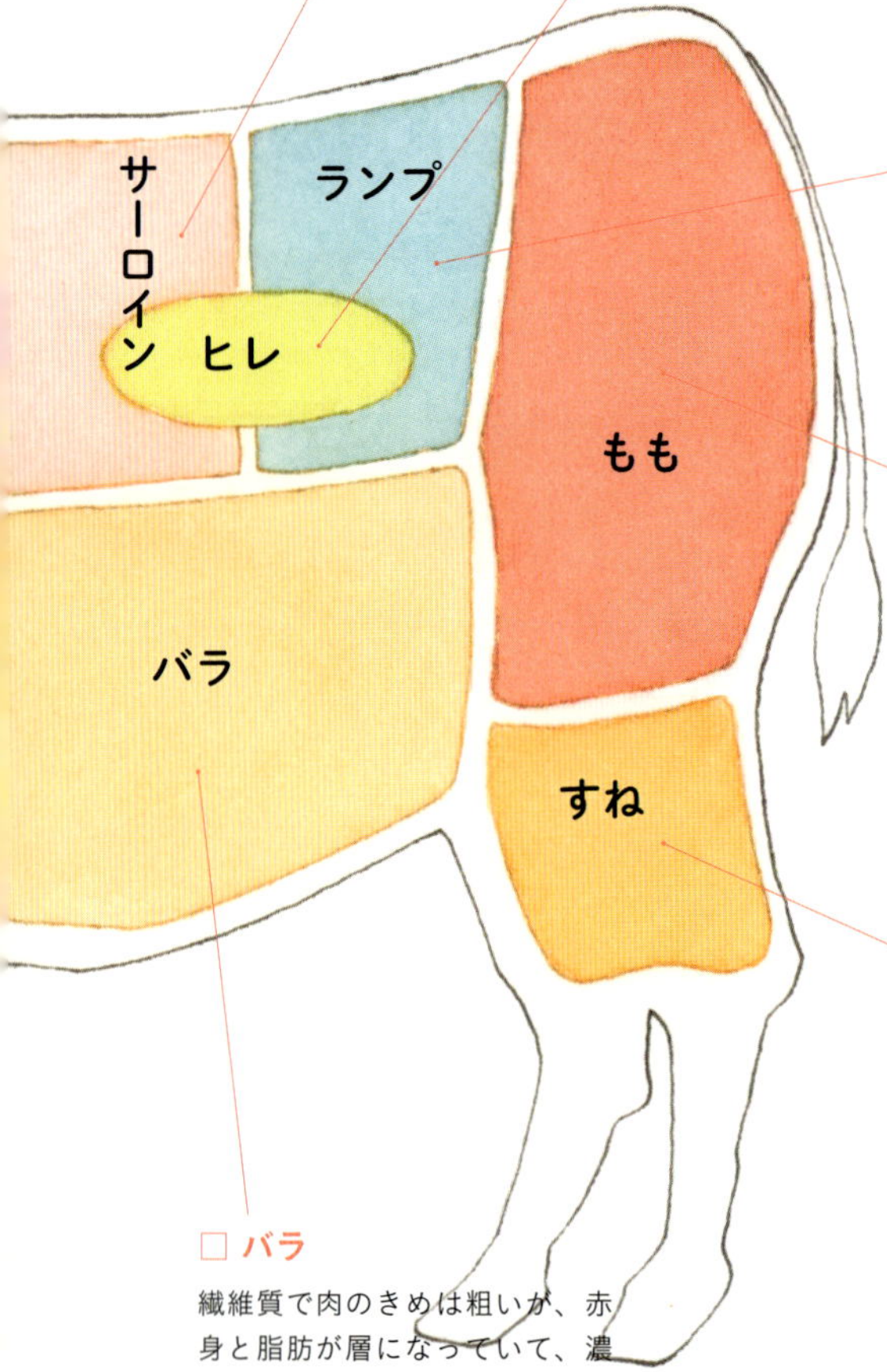

□ サーロイン

きめ細かく、やわらかい。ヒレに並ぶ高級部位。 向く料理 ステーキ、ローストビーフ、しゃぶしゃぶなど。

□ ヒレ

サーロインの内側にある。1頭分の肉量から3%ほどしかとれない希少部位。きめが細かくてもっともやわらかく、脂肪分が少ない。 向く料理 ステーキ、揚げ物など。

□ ランプ

きめが細かく、適度な脂肪があり、やわらかい赤身肉。 向く料理 ステーキ、ローストビーフなど。

□ もも

内側を「うちもも」、外側を「そともも」と呼ぶ。うちももは脂肪の少ない赤身肉。そとももは運動量が多いのできめが粗く、かため。 向く料理 うちももはローストビーフ、たたきなど。そとももは煮込み料理や炒め物など。

□ すね

前足のものを「まえずね」、後足のものを「ともずね」と呼ぶ。運動量の多い部分で筋が多く、肉質はかたいが、うまみやゼラチン質が豊富。 向く料理 煮込み、スープストックなど。

□ バラ

繊維質で肉のきめは粗いが、赤身と脂肪が層になっていて、濃厚な味。 向く料理 牛丼、焼き肉、肉じゃがなど。

□ 肩ロース

きめが細かく、やわらかい肉質。**向く料理** すき焼き、しゃぶしゃぶ、焼き肉など。

□ リブロース

通常「ロース」といったらこの部位を指す。ヒレ、サーロインと並ぶ最高部位。霜降りになりやすく、きめ細かく、やわらかい肉質。**向く料理** すき焼き、しゃぶしゃぶ、ローストビーフ、ステーキなど。

□ 肩

うでの部分を総称して肩と呼び、肩ロースを覆うように位置している。きめが粗く、肉質はややかたい。うまみやゼラチン質が豊富。**向く料理** 煮込み料理やスープなど、長く煮る料理。

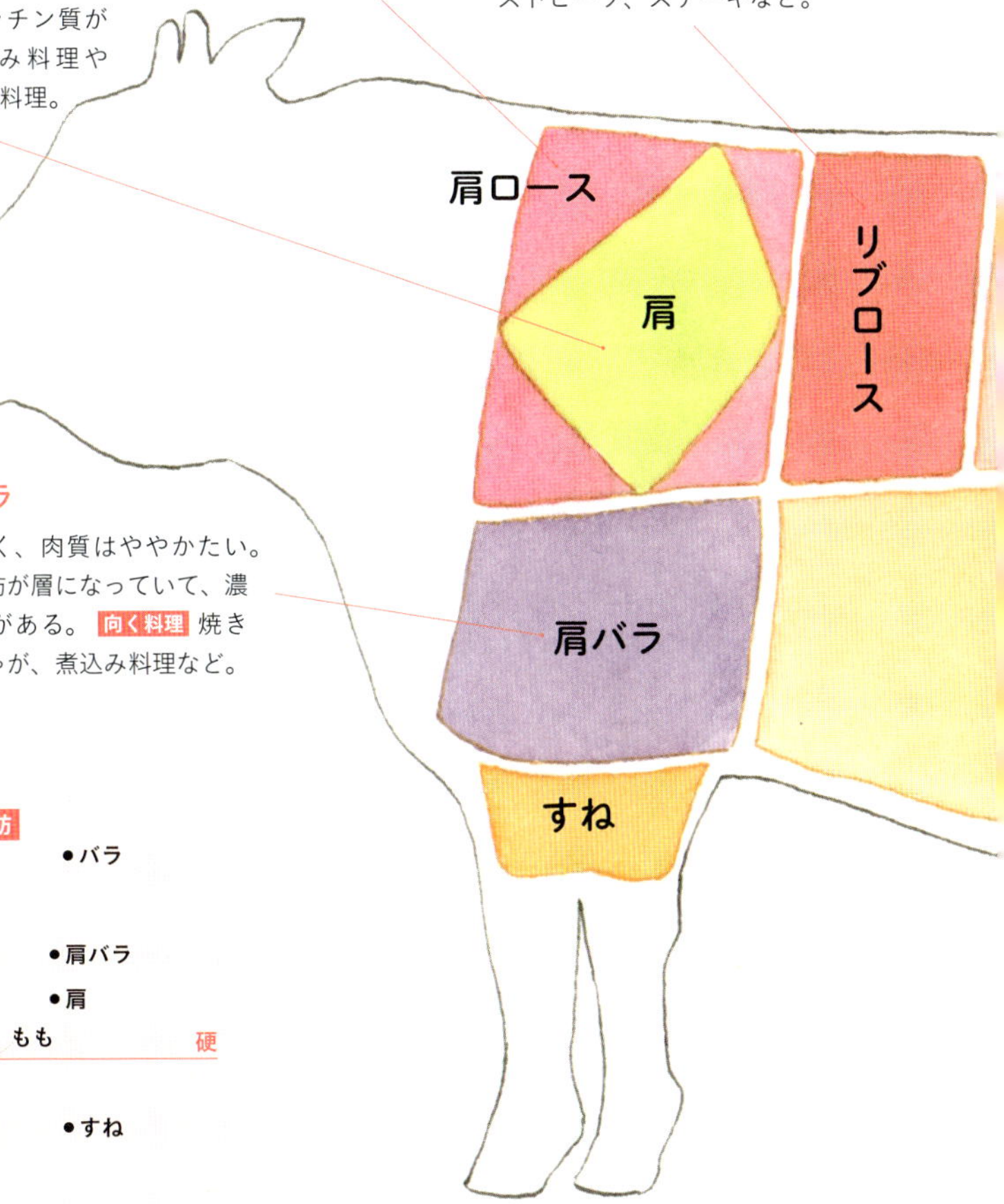

□ 肩バラ

きめが粗く、肉質はややかたい。赤身と脂肪が層になっていて、濃厚な風味がある。**向く料理** 焼き肉、肉じゃが、煮込み料理など。

各部位の特徴

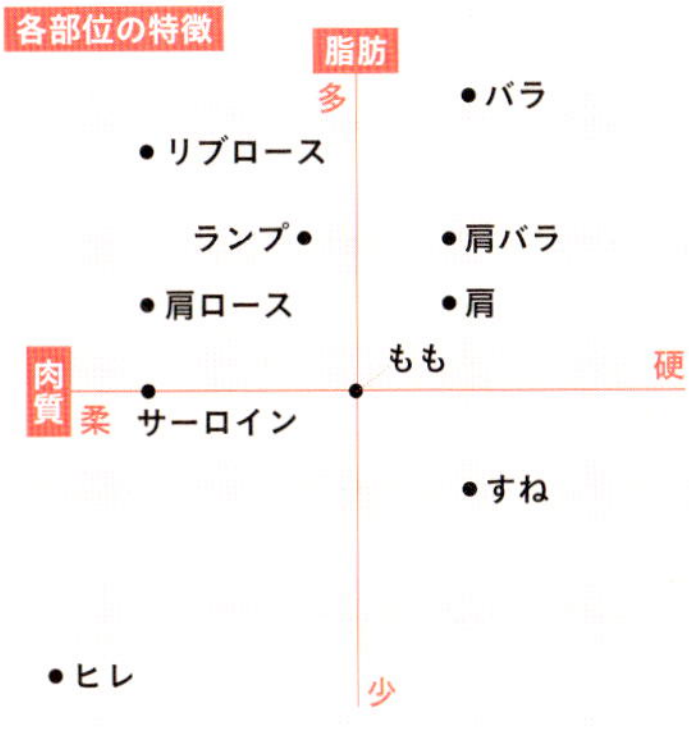

ぼくが一番好きな部位はランプです。さっぱりしていておいしいですね。

牛肉

DATA：p.215

いい肉こそシンプルな食べ方で

いい肉が手に入ると、すき焼きにする人は少なくないと思います。しかし、ぼくなら、サシの入った肉はさっと焼いて大根おろしとしょうゆとか、塩とレモンとかで食べますね。脂はうまみでもあるので、割り下のような甘辛いたれではくどすぎるからです。最初はおいしいと思っても、そのうち飽きてきます。すき焼きならば、肉を焼いたあとに割り下を入れ、鍋に残った肉のうまみをからめ、そのうまみで野菜を食べたい。これならば、野菜はうまみが少ないですから割り下の甘みでそれを補え、理にかなっていると思います。

牛肉を選ぶときは、脂身をチェック

脂肪の色が白いものがいいです（→ p.112）。なお、重なった肉をめくると暗赤色のことがありますが、これは空気に触れていないだけで、品質の良し悪しとは関係ありません。別のいい方をすると、空気に触れると鮮赤色になるのです。

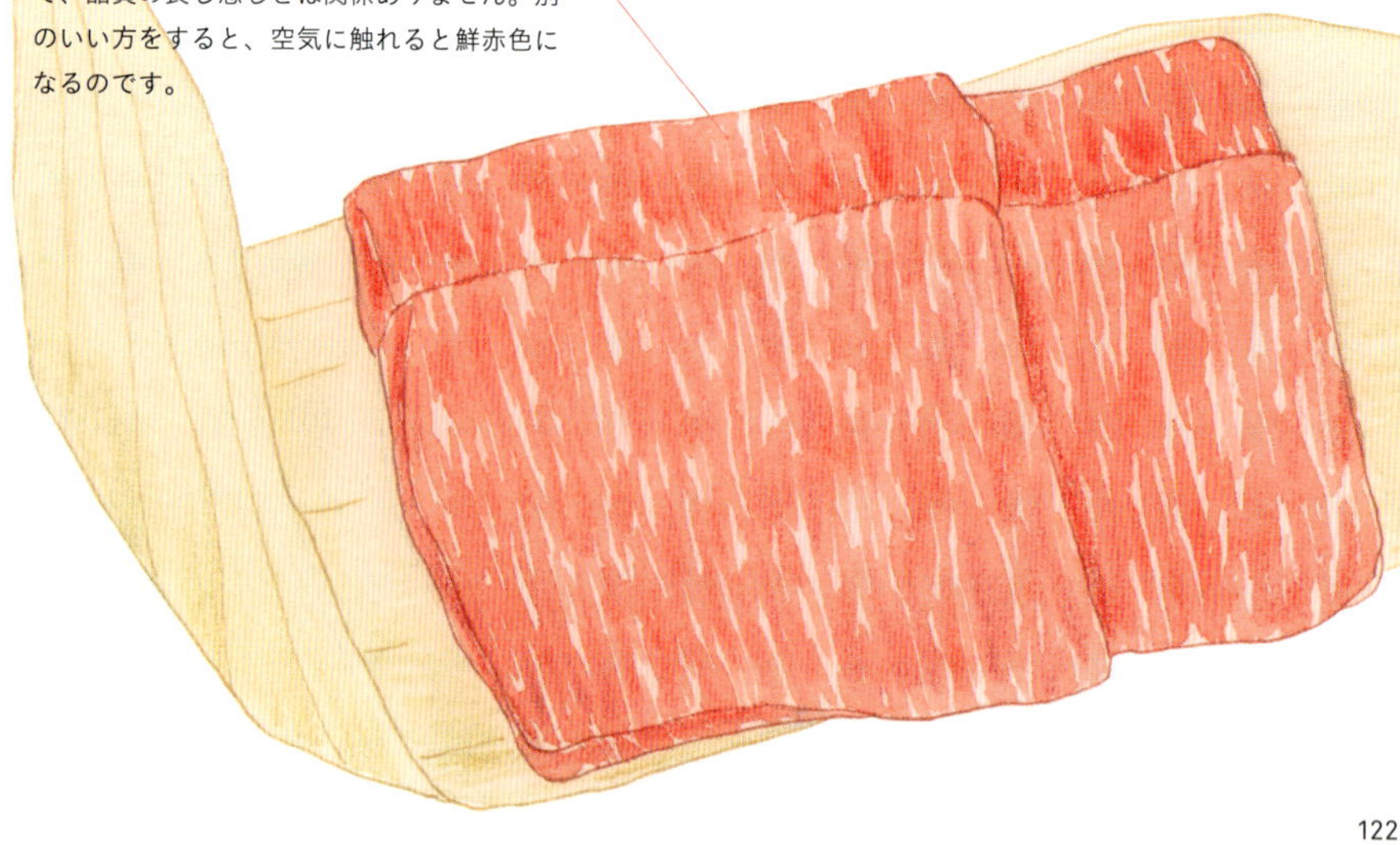

ステーキは出し入れして焼くのが成功の秘訣

肉のたんぱく質ミオシンは、40～60℃の温度を通ることでうまみに変わります。だから、この温度帯をできるだけゆっくり通過したい。加えて、火も通しすぎたくない。そこで、ステーキを焼くときは、温度が上がりすぎないように、出し入れするのがぼくのやり方です。大まかな手順は、まず牛肉を強火で焼いて表面を固めます。次にたれを加えてさっとからめて取り出します。このあとは、フライパンに戻してたれをからめたら取り出して休ませる、これをくり返してじわじわと火を入れていきます。こうすれば、中がしっとり焼きあがります。

和風ステーキの定義は、箸で食べられるかどうかです。

和風牛ステーキ

〈材料〉1人分

牛ステーキ用肉（ランプ、ロース、ももなど）……1枚（150g）

塩、こしょう……各適量

A
- みりん……100mℓ
- 酒……60mℓ
- 薄口しょうゆ……20mℓ

しょうが（すりおろし）……小さじ1

サラダ油……大さじ1

〈作り方〉

❶ フライパンに油を熱し、室温に戻した牛肉に塩、こしょうをふって入れ、強火で両面を焼く。

❷ Aを加え、ひと煮立ちしたら肉を取り出し、1分おく。

❸ 肉を戻し入れて中火で20秒たれをからめ、取り出して1分半休ませる。戻し入れて15秒、取り出して1分を4～5回くり返す。

❹ しょうがを加えてからめ、肉を取り出す。たれはとろみがつくまで煮詰める。肉を食べやすく切り、たれをかける。

牛肉

オーブンがなくても ローストビーフは作れる

フライパンとふたがあれば、家庭で簡単にローストビーフが作れます。ポイントは、極弱火で蒸し焼きにすること。表面を焼き固めた牛肉と煮汁をフライパンに入れ、ふたをして蒸気でじんわり火を入れるのです。加熱時間はたった10分。あとは余熱でじわじわ熱を通し、同時に肉汁を落ち着かせます。切ると、中が赤色のおいしそうな面があらわれます。表面だけが焼けていて中はやわらかでジューシーという絶妙な状態です。

ローストビーフ

〈材料〉3～4人分

牛ももかたまり肉……400g

塩……大さじ1

A 酒……90㎖

A しょうゆ、水……各大さじ4

長ねぎ（みじん切り）……1本分

青じそ（粗みじん切り）……10枚分

粗びき黒こしょう……少々

水あめ……大さじ2

サラダ油……大さじ2

〈作り方〉

❶ 牛肉は室温に30分～1時間おき、塩をふって20～30分おく。フライパンに油を熱して牛肉の全面を強火で焼き、熱湯にくぐらせる。

❷ フライパンでAを煮立て、長ねぎ、青じそを加えて1～2分煮る。①を加えて全体にからめ、ふたをして極弱火で10分ほど蒸し焼きにする。

❸ 牛肉をバットに取り出し、残った煮汁を強火で煮詰め、黒こしょうと水あめを加える。

❹ 牛肉に煮汁をかけ、キッチンペーパーをかぶせ、室温程度まで冷ます。

肉に塩をふるタイミング

肉はうまみが強いので、

事前に塩をふっておくことは基本的にはしません。

なぜならば、肉のおいしさは肉汁ですから、
それを外に出してしまっては元も子もないからです。

しかし、ローストビーフや煮豚、ゆで豚のように

肉のかたまりが大きいときは例外。

あらかじめ塩をふって表面に塩味をつけます。

ルールをまとめましょう。

□調理の直前にふる

基本的に肉は直前に塩をふります。

□調理の前にふっておく

肉のかたまりが大きいときは調理の前にふっておきます。おく時間は料理によりますが、小さいかたまりで10分、大きいかたまりで30分〜1時間が目安です。

複数の部位が1パックになった肉は、たくさん入っている順に表示されている。

部位マップ 鶏肉

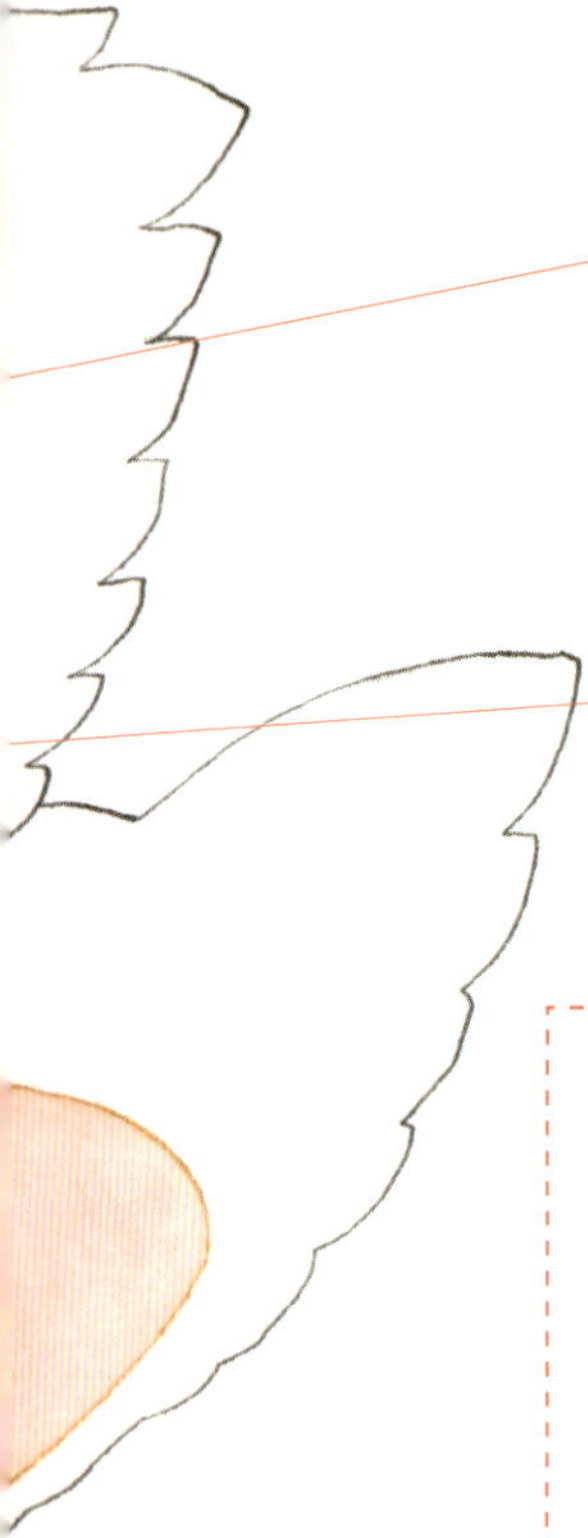

□ 手羽先

翼の部分のうちの、先端から関節までの部分。骨と皮が多く、肉は少なめ。ゼラチン質や脂肪が多くてコクのある味。

向く料理 塩焼き、揚げ物、煮物、スープなど。

□ 手羽元

翼の部分のうちの、つけ根部分。肉質はやわらかい。脂肪が少なくて、手羽先よりあっさりしている。

向く料理 から揚げ、煮込み料理、水炊きなど。

手羽先＋手羽元＝手羽ですが、これらは切り分けられて、さまざまな名称で呼ばれています。

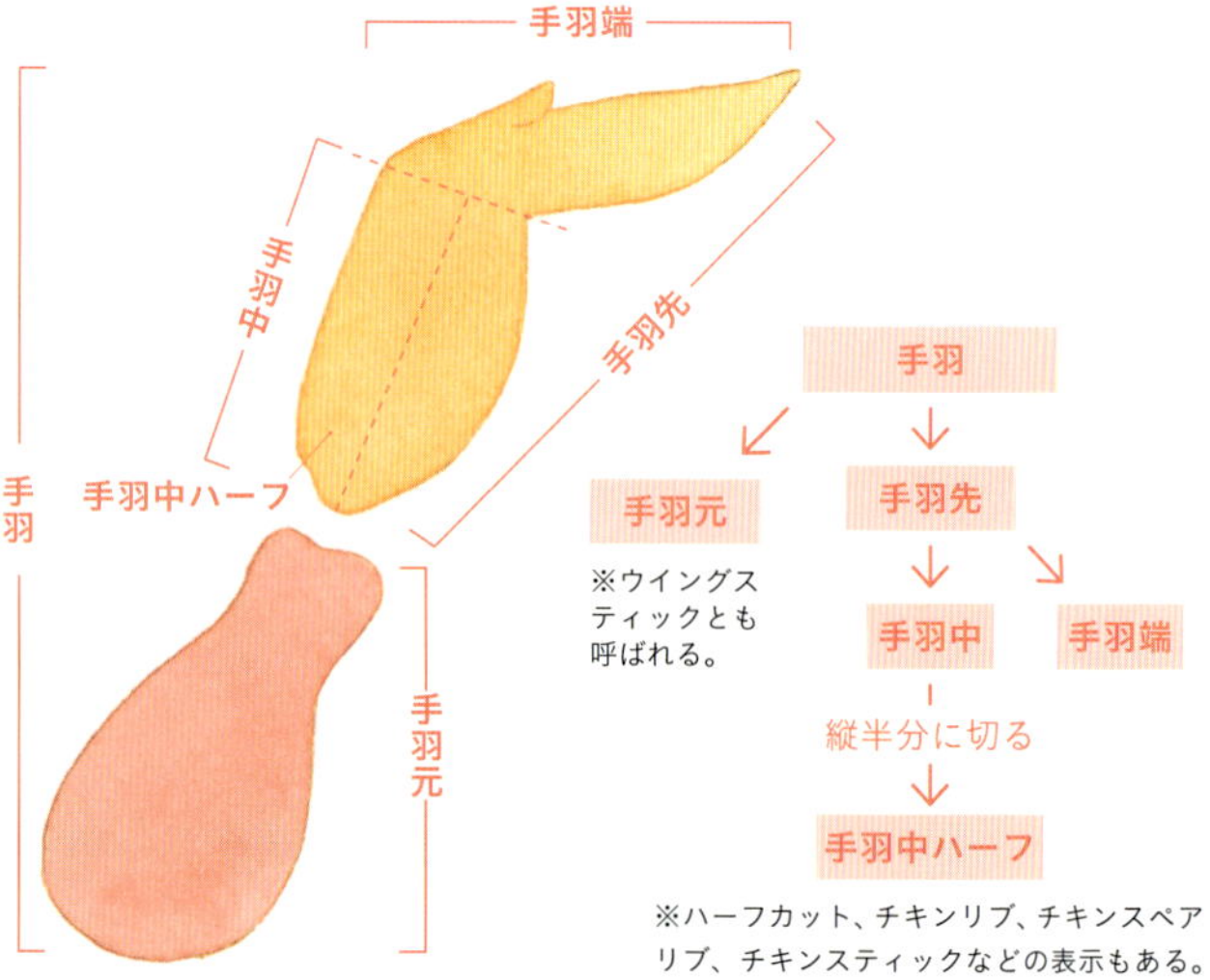

※ハーフカット、チキンリブ、チキンスペアリブ、チキンスティックなどの表示もある。

□ むね

肉質はやわらかく、脂肪が少なくてあっさりしている。**向く料理** から揚げ、チキンカツ、蒸し鶏など。

□ ささみ

むね肉の内側にある部位。脂肪分が非常に少なく、さっぱりしている。**向く料理** 酒蒸し、あえ物、揚げ物など。

□ もも

肉質はむね肉よりはかためだが、脂肪があり、コクとうまみが強い。**向く料理** から揚げ、照り焼き、親子丼、ソテーなど。

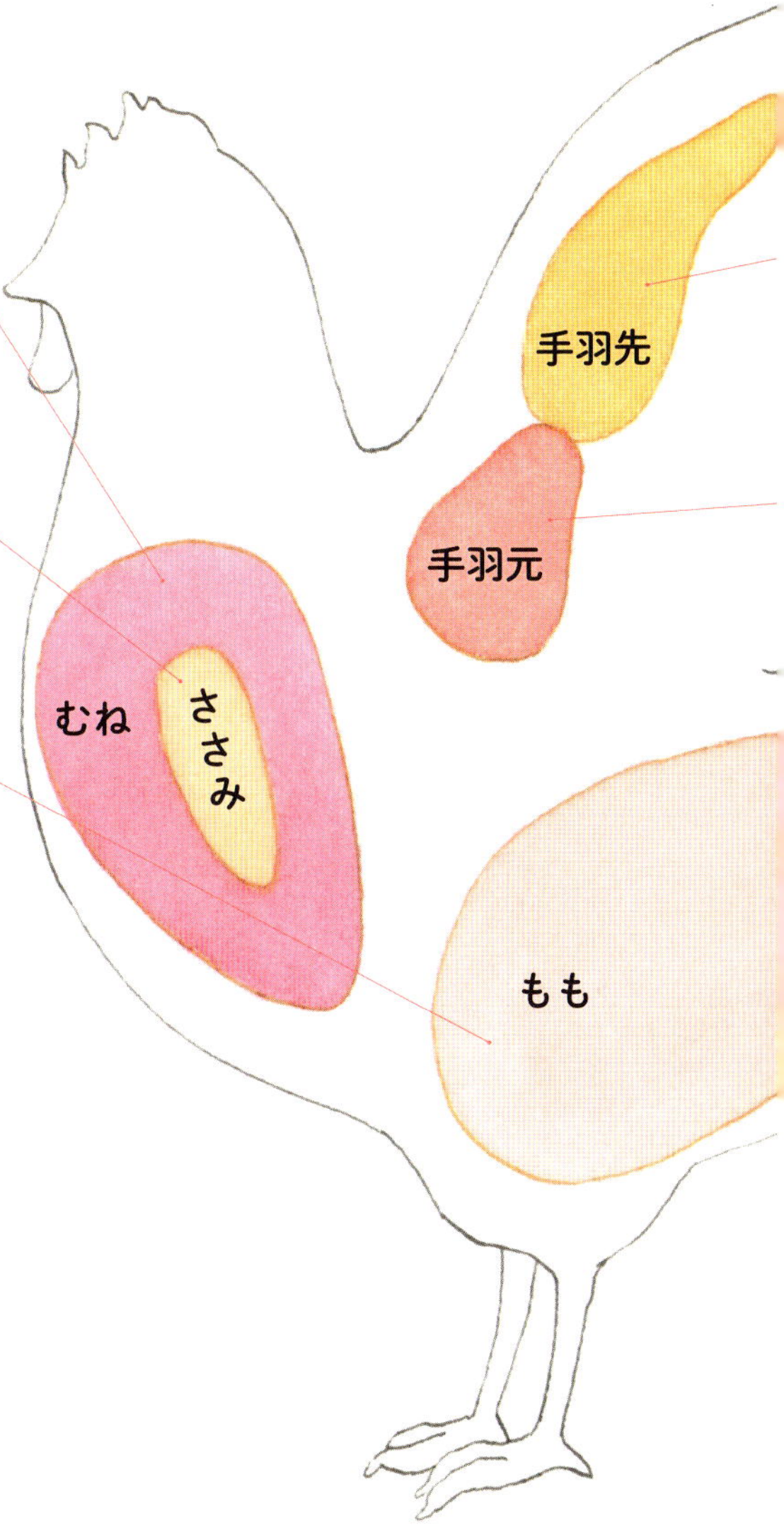

各部位の特徴

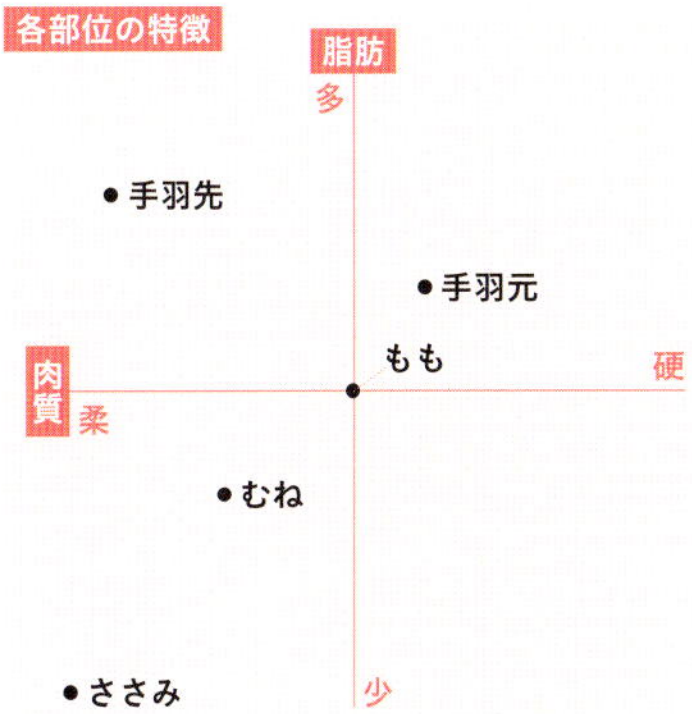

地鶏の親である在来種の鶏。その多くは国の天然記念物。

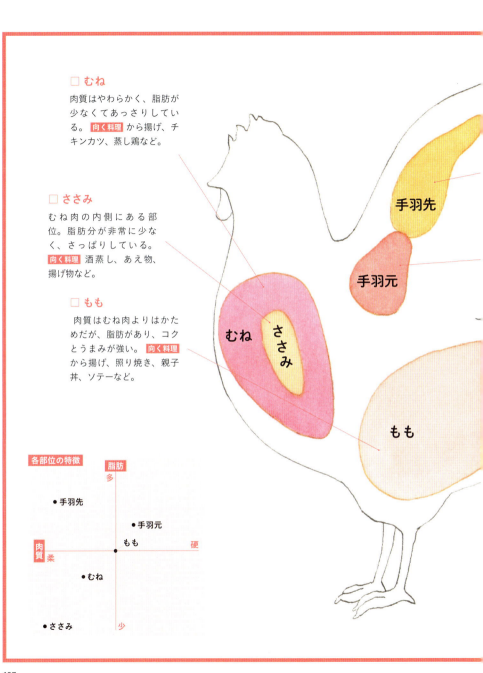

鶏肉

DATA：p.215

ブロイラーと地鶏の味に良し悪しはなし

ブロイラーとは、約50日という短い期間で出荷できるように改良された肉用若鶏。地鶏は国内在来種の血が半分以上入っていて、決められた飼育期間や方法で育てられた食用鶏です。二者の大きな違いは肉の食感でしょう。ブロイラーはやわらかい肉質で、地鶏は歯ごたえがあってかたい。一般的には地鶏のほうがいいと思われていますが、ぼくは、どちらがいいとはいいきれません。と、どっちつかずないい方をしましたが、ここで伝えたいのはブロイラーも悪くはないということです。

から揚げは二度揚げに。これでカリッとジューシー

肉は、65~80℃の温度帯で加熱するのがコツです(→p.118)。ですから、から揚げもこの温度帯の中で調理するように工夫をしたい。そのために、一度揚げて熱を入れた鶏肉をいったん引き上げて冷まし、もう一度揚げる二度揚げという手法を用います。

いったん冷ますことで、余熱でじわじわと中に熱が伝わります。すると、肉がかたくならず、肉汁も逃さないのでジューシーに仕上がるのです。から揚げはカリッとしていたほうがおいしいですから、最後に高温の油で、表面を香ばしく揚げます。

から揚げ

〈材料〉2人分

鶏もも肉……小2枚(400g)

A
- しょうが(すりおろし)……小さじ1
- にんにく(すりおろし)……小さじ1/2
- しょうゆ……大さじ3
- 酒……大さじ1

薄力粉、揚げ油……各適量

〈作り方〉

❶ 鶏肉は1枚を8等分に切り、Aをもみ込む。汁気をふいて薄力粉をまぶす。

❷ 揚げ油を170℃に熱し、鶏肉を1分半～2分揚げる。

❸ 取り出して3分ほどおく。

❹ 揚げ油を180℃に熱し、③を1分ほど揚げる。

日本語ではコケコッコー。英語ではコックドゥードゥルドゥ。

ゆで鶏は手で裂くとおいしさを感じやすい

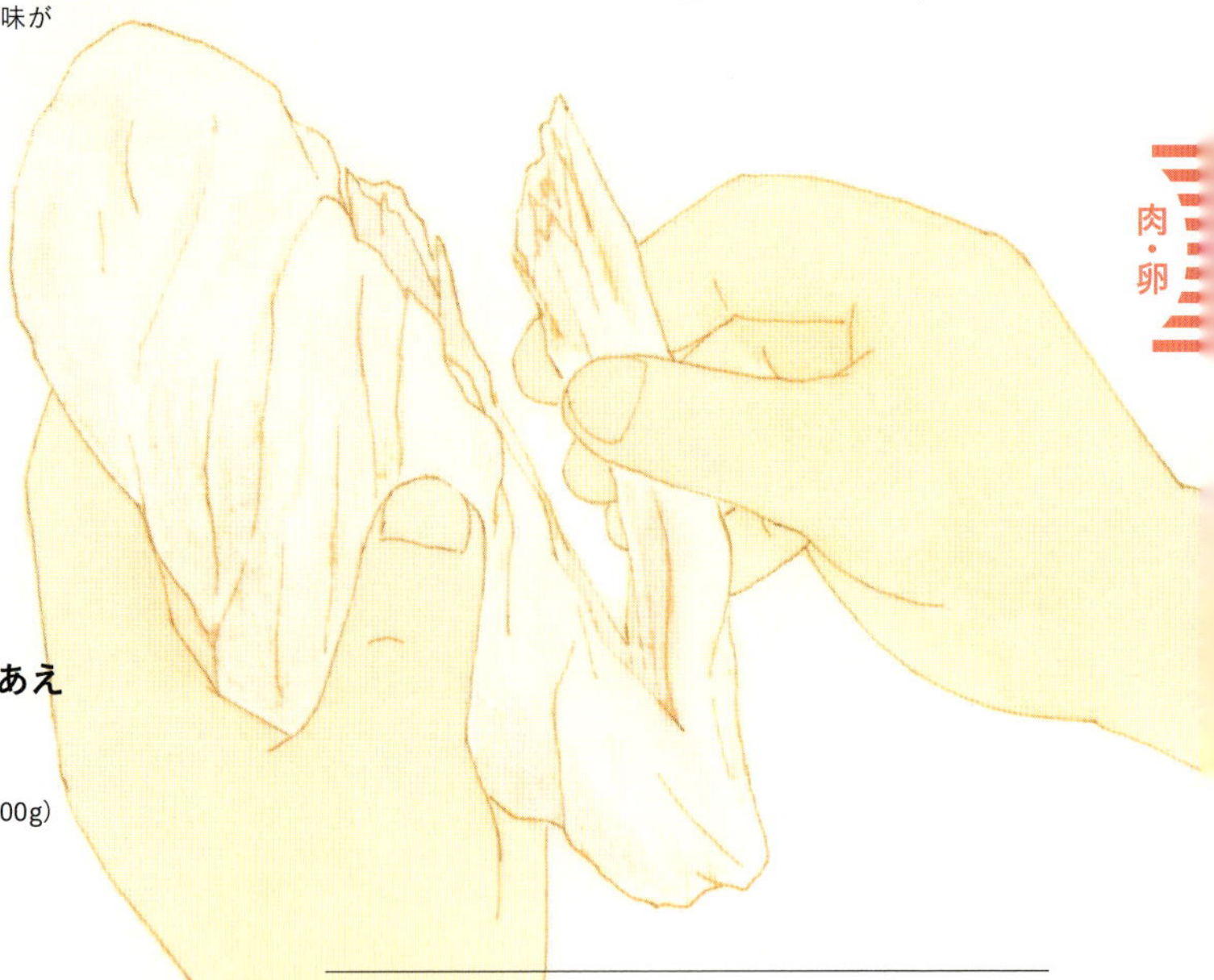

ゆで鶏は包丁で切り分けるのではなく、繊維に沿って手で裂いたほうが舌でおいしさを感じやすくなります。包丁は鋭利なので切った断面は平らですが、手で裂くとでこぼこができます。つまり、表面積が増えるので、舌に触れる面積が多くなり、味を感じやすいというわけです。また、繊維を分断しないので、肉汁が出ていきにくく、しっとりした肉質が味わえます。

包丁で切らないほうがおいしい食材

けんちん汁に使う豆腐も、手でちぎるといい食材です。長いもも同じで、手ではありませんが、すりこ木などで叩いたほうがいい。どちらも味がからみやすくなります。

ゆで鶏のポン酢あえ

〈材料〉作りやすい分量
鶏もも肉……1枚（200g）
水……800mℓ
A［煮干し……10g
　削り節……10g
　昆布……5g］
わけぎ（せん切り）、青じそ（せん切り）、ポン酢しょうゆ……各適量

〈作り方〉
❶ 鶏肉は霜降りする（→ p.115）。
❷ 鍋に水600mℓ、①、Aを入れて中火にかける。沸騰したら水200mℓを加えて極弱火にし、アクを取りながら15分ゆでる。ゆで汁をこし、鶏肉をつけてそのまま冷ます。
❸ ゆで鶏を手で裂き、わけぎ、青じそとともに器に盛り、ポン酢しょうゆをかける。

皮をパリパリに焼くには、冷たいフライパンに入れる

鶏肉を焼くときは、フライパンに肉を入れてから火をつけましょう。フライパンが冷たいと、鶏肉が熱で反り返ることなく平らになります。そうすると皮全体に均一に火が通り、皮がパリパリに焼けるのです。また、肉には皮1枚を介して熱が伝わるので、いわば皮というふたで蒸し焼きをしているような状態となり、穏やかに火が入ります。だから、肉がやわらかく、ジューシーに焼きあがります。なお、出てきた脂をふき取りながら焼くのも大事です。

皮全体がフライパンに触れるようにする

薄く油をひいたフライパンに塩、こしょうをふった鶏肉を入れ、平らになるように押さえつけます。あとは弱めの中火で7分ほど、返して5分ほど焼けば完成です。

鶏の皮をパリパリに焼くこの手法はとても好評です。ぜひお試しください。

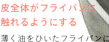

保存もきく鶏だし

鶏もも肉を20分加熱したら、鶏肉にそれ以上火が入らないように、ゆで汁と分けて冷まします。冷めたら合わせ、保存容器に入れましょう。冷蔵庫で3日ほど保存できます。

もも肉で、もっとも簡単な肉のだしがとれる

ぼくの鶏だしはとても簡単。鶏もも肉を霜降り（→p.115）して鍋に入れ、水と昆布を加えて20分加熱するだけです。このとき大事なのは温度。煮立つか煮立たないかくらいの火加減（80〜90℃）を保ちながら20分火を入れてください。火の状態は沸騰直前で弱め、極弱火です。これで雑味が出ずにうまみが引き出され、ゆで汁も濁りません。この鶏だしは、ラーメンのスープに最適です。鶏肉も、もちろん召し上がってください。蒸したかのようにやわらかく、しっとりしていておいしいです。

ひき肉

DATA：p.215

湯にさっと通すとさっぱりする

料理によっては、ひき肉をさっと湯通しすると、おいしさが際立つ場合があります。「空気に触れて汚れているから（酸化しているから）、お風呂に入れなくちゃね」なんていい方をしています。臭みがとれて味がすっきりしますし、軽く火が入るので、その後の加熱時間が少なくてすみます。さらに、肉がほぐれて調理もしやすいです。ただし、これはそぼろや煮物、あっさり食べたいときだけにする下ごしらえです。ハンバーグや餃子などは、肉汁がおいしさのもとなのでしません。

細かいざるの中でさっとほぐす

湯通しするときは、火を通しすぎないように気をつけましょう。ひき肉を目の細かいざるに入れて熱湯につけ、菜箸でほぐし、まだ生のところが残っているくらいで引き上げます。

キーマカレーのキーマはヒンディー語でひき肉の意。

肉だんごは生肉と湯通し肉のハーフ＆ハーフで

ひき肉は湯にさっとくぐらせてから使うと、すっきりした味になります（→p.133）。肉だんごは、この湯通ししたひき肉と、生のひき肉を同量ずつ混ぜて使います。そうすると加熱時間が短くてすみ、それが混ぜ合わせる目的です。肉は加熱しすぎるとパサパサしておいしくなくなるので、軽く火が入ったひき肉を半分使うことでそれを回避しようというわけです。鍋物などにご活用ください。

肉だんご

〈材料〉2人分
鶏ひき肉……200g
玉ねぎ（みじん切り）……50g
溶き卵……1個分
A
- しょうゆ……大さじ1
- 砂糖……小さじ2
- こしょう……少々

揚げ油……適量

〈作り方〉
❶ ひき肉は半量をざるに入れて霜降りし（→p.115）、冷ます。
❷ ボウルに①と残りのひき肉、玉ねぎ、Aを入れ、手早く混ぜる。溶き卵も加えて混ぜ合わせ、直径2cmほどに丸める。
❸ 揚げ油を160～170℃に熱して②を入れ、浮いてきてからさらに2分ほど揚げる（ゆでてもよい→p.135）。

肉だんごは水からゆでる

肉だんごをゆでるときは、火をつける前の冷たいところに入れます。沸騰したところに入れると、表面だけがやけどをしてしまい、中と外でおいしさのラインがそろいません。外に合わせると中は生、中に合わせると外はパサパサなんていうことが起こってしまいます。けれど、冷たいところに入れれば、中と外が同じ温度でゆでられるので、むらなく火が入ります。また、ゆっくりと熱が入ることで、うまみも引き出されます。

肉だんごのゆで汁にはうまみが溶け出ていて、スープになります。

動かさないでゆでる

冷たいところに入れてゆでるときは、肉だんごを動かすとくずれてしまうので、触らずにゆでましょう。

ひいきの肉屋をもつことのすすめ

いい肉を手に入れたければ、一番確実なのは肉屋に選んでもらうことです。プロの目で見極めてもらうほうがいいというのはもちろんですが、コミュニケーションをとっておくことの大切さも、理由のひとつです。そうすれば、いつもの買い物でおまけをしてくれるかもしれませんし、肉が手に入りにくいようなトラブル時でも、一見さんより優遇してもらえるはずです。安さだけを追求するのではなく、こうしたお気に入りの肉屋を見つけてなかよくなっておくことが、これからの時代はとくに大事だとぼくは思っています。これは、肉だけでなく、すべての食材に通じることです。

卵

DATA：p.216

冷蔵庫の卵ケースには、パック詰めと同じ向きに

卵は、丸いほうを上、とがったほうを下にして保存します。わからなかったら、卵パックはその向きで詰められているので、これにならうといいでしょう。というのも、丸いほうには気室という空間があり、丸いほうを下にすると卵黄と気室内の空気が触れやすくなります。それにより、細菌の侵入リスクが高まるからです。また、とがったほうが衝撃に強いから、こちらを下にするという理由もあります。

卵はとがったほうから産み落とされる。

卵は洗わない

卵を洗うと、菌の侵入を防ぐ働きをする薄い膜が取れてしまいます。また、殻にあいた小さな穴から水を通じて菌が入る可能性もあります。卵は洗わずに使いましょう。

卵のおいしさは半熟。その決め手は低温調理

卵は総じて半熟状態が一番おいしい。しっとりしていて口当たりがなめらかで、甘みも一番感じます。こうした状態に仕上げるために大切なのは、温度です。温泉卵を作る温度の65℃から、茶碗蒸しを蒸す80℃の温度帯の中で火を入れることが、卵料理の最大のコツ。ですから、この温度帯をはずれないような手法をとるわけです。たとえば卵焼きなら固まりきらないうちに巻いていきますし、オムレツもとろとろのうちに形作ります。いり卵なら冷たいところに入れて火をつけ、とろみがつくまで混ぜたら火からはずし、あとは余熱で混ぜてねっとりさせます。

卵は薄めるほどに食感がなめらかになる

茶碗蒸しに代表されるように、卵を薄めて作る料理はいろいろありますが、そのときにポイントとなるのは、卵と水分の割合。加える水分が増えるほど食感はなめらかになりますが、卵焼きは巻きにくく、卵豆腐は固まりにくくなり、作るのに技術が必要になります。そこで、家庭で作りやすい卵と水分の割合を左記にまとめたので参考にしてください。

卵と水分の割合

卵1個（50g）と同量の水50mℓをそれぞれ1単位とします。

- 卵豆腐　　卵1：水分1
- 茶碗蒸し　卵1：水分3
- 卵焼き　　卵3：水分1

卵1対牛乳3で合わせるとプリンができますよ！

卵焼きは だしなしのほうが おいしい

卵焼きを作るときに加える水分は、だしでなければいけないと思ってはいませんか。実は、だしではなく水を使ったほうがおいしいんです。だしを使うと、だしの味ばかりが前面に出てしまい、卵の味が感じにくくなってしまいます。水を使えば卵本来の味が際立ち、卵が主役の料理になるのです。卵焼きを作るときの卵と水の割合は、卵3個（150g）に対して水50㎖が基本です。

お弁当の場合は薄口しょうゆと砂糖で味つけ

普段は、卵3個に対し、水50㎖と薄口しょうゆ大さじ1/2を加えて卵焼きを作ります。けれど、お弁当のおかずの場合は砂糖も少々加えます。冷めると味が感じにくくなるので、砂糖を入れたほうがおいしいためです。

魚介

家庭での使用頻度が高い魚介を選び、
一尾で食べる機会のある魚、
切り身で食べることの多い魚の順に
並べています。
それに続けて、えび、いか、
貝、干物の順に紹介しています。

魚の選び方

一尾の魚の場合

チェックポイントは

- □ 皮に光沢がある
- □ 腹にハリがある
- □ 全体にふっくらしている
- □ 目がすき通っている
（鮮度が落ちると白っぽく濁る。そのようなものは避ける）

抽象的ないい方ではありますが、
うろこや表面全体がきれいで光っていて、
魚の容姿が美しいと感じるものはたいていいものです。
実は一番の見極めどころは、

鮮度の証明書といえる、えら。

えらぶたをめくってみて、
鮮明な赤い色をしていたら鮮度はばっちりです。
けれど、店頭でめくるわけにはいかないでしょうから、
購入後に確認して、経験を蓄積させてください。

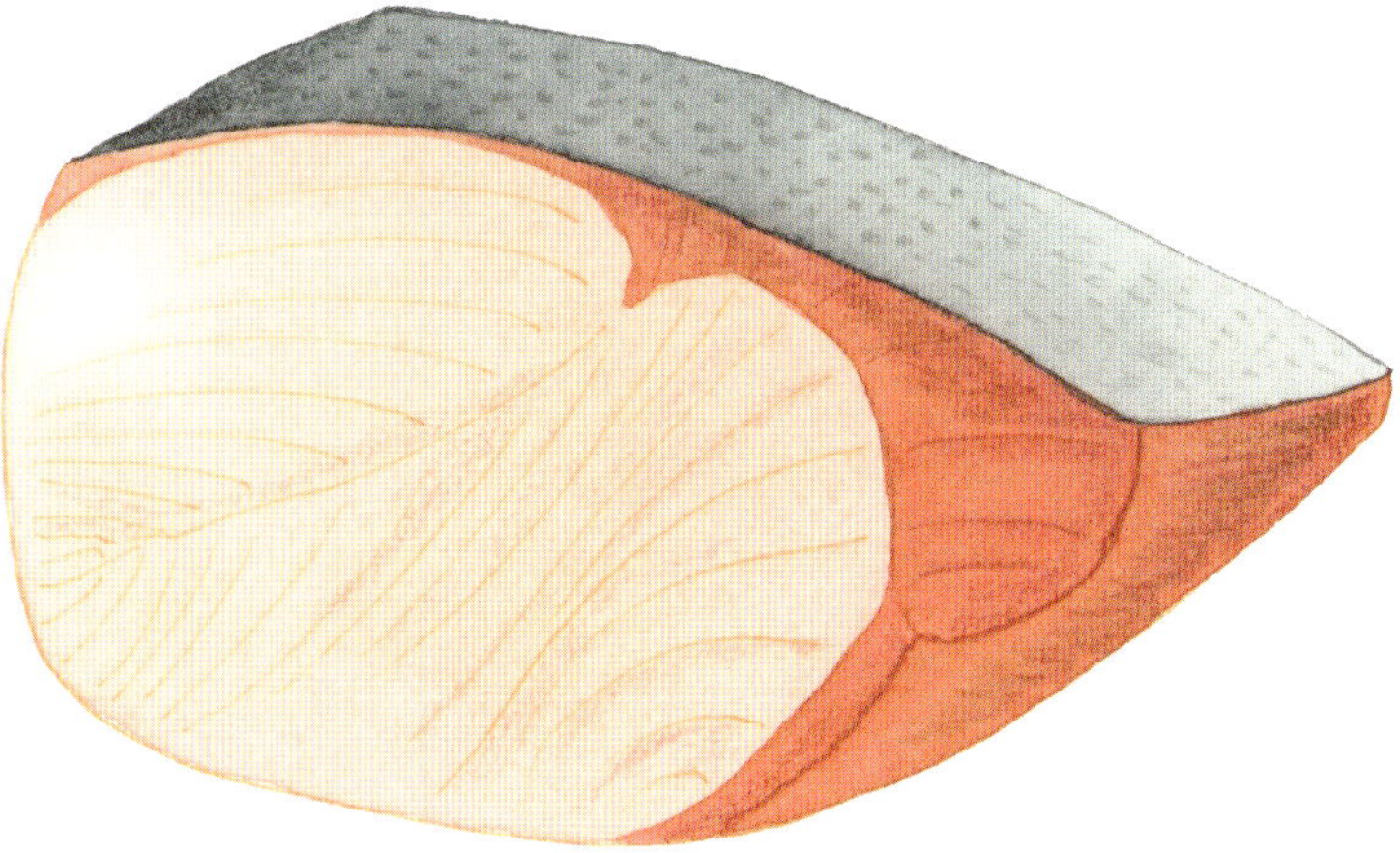

切り身の魚の場合

チェックポイントは

□ 血合いが赤みを帯びて鮮やか
□ 身にパンッとした感じ（ハリ、弾力）がある
□ ドリップが出ていない

逆に、だれたようなものは
避けたほうが無難ですし、
ドリップにはうまみや
栄養分も含まれるので、
ドリップがあるものは、
その分味が落ちます。

また、魚選びの際には、
旬を意識することも大事。
魚の旬とは、
産卵の１～２か月前をいいます。

なかよしの魚屋をもつことも大事。136ページの肉屋と同じです。

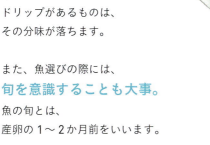

あじ

DATA：p.216

うろこは尾の近くに集中している

尾のつけ根あたりにある、まるでファスナーのような部分は「ぜいご」と呼ばれ、あじ特有のうろこです。ぜいごはとてもかたく口当たりが悪いだけでなく、刺し身で皮をひくときに邪魔になります。ですから、焼き魚など食べるときによけられる場合以外は、取り除きます。手順は、尾のほうからぜいごの端に包丁を寝かせてあて、頭のほうに向かって包丁を前後に動かしながらすき取ります。どこまで取ればいいのかわからないかもしれませんが、尾の近く4〜5㎝くらい取れば十分です。

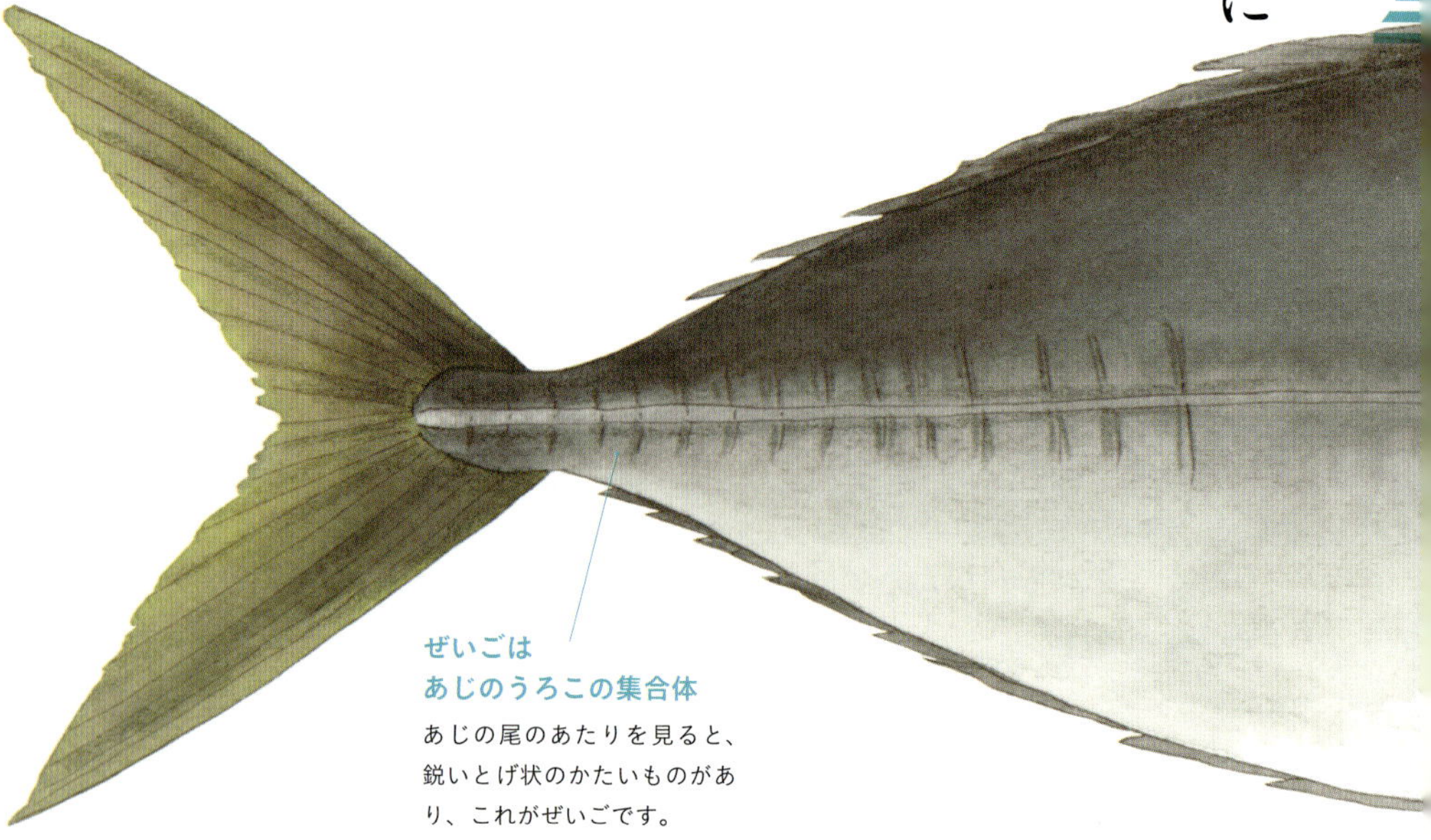

ぜいごは
あじのうろこの集合体

あじの尾のあたりを見ると、鋭いとげ状のかたいものがあり、これがぜいごです。

さんま

DATA：p.218

塩焼きは、1本切り目を入れると熱が入りやすい

さんまは脂を食べる魚

さんまの塩焼きは脂がおいしい。だから、ぼくは焼き立てのさんまにしょうゆをかけ、箸で身を押さえて脂をしょうゆに移し、これをごはんにかける、なんて食べ方をします。

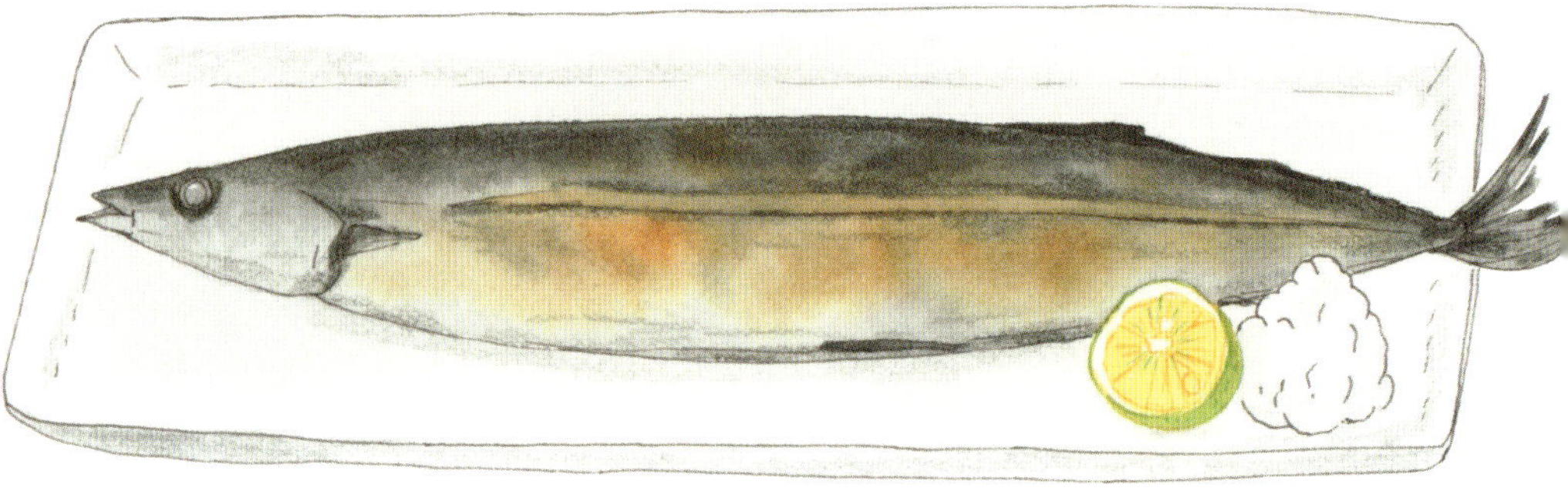

さんまは、背骨に沿って1本切り目を入れてから焼きましょう。魚はこの部分が一番身が厚いので、切り目を入れると火の通りがよくなり、均等に熱が入ります。また、食べるときに切り目から箸を入れることができ、身がほぐしやすくもなります。なお、さんまに塩をふるのは焼く直前です。それは、さんまの身質が関係しています。たいていの魚は箸を入れると身がかたまりとなってほぐれますが、さんまはつぶした豆腐のようにくずれて取れます。だから、塩をふって時間をおくと身に塩が入りすぎて塩辛くなってしまうのです。

さんまはすべて天然もので、養殖はない。

焼き魚の約束ごと

上火か下火かで先に焼く面を変える

ルールは、

上火	盛りつけるときに裏になる側から焼く
下火	盛りつけるときに表になる側から焼く

つまり、
熱源がどちらであろうとも、
表になる側を
下にして焼きはじめる
ということです。
表とは、
頭を左、
腹を手前にしたときの面
をいいます。

なぜこんなにややこしいかというと、焼き汁の流れ落ちる方向を考えているからです。上火は裏を先に焼けば、返したときに焼き汁は裏側に流れていきます。下火はこの逆で、表から先に焼くと、返したときに焼き汁は裏側に落ちていきます。こうすれば表側を汚さずにすみます。要するに、盛りつけを美しくするための手法なのです。

グリルを温めておく

温めておくわけは、
温度が上がっていないと、
皮が網にくっついてしまうから
です。

理想をいうなら、
次のようにしてから焼くと、
皮がはがれる心配がありません。
1：熱した網に一瞬のせて皮を焼き固める
2：すぐにはずして、もう一度のせる

焼き時間の目安は、切り身なら

片面5分＋もう片面3分＝8分

両面焼きなら7分くらいです。

焼き魚は「芳《こうば》しい」のがおいしさです。
魚の脂が落ちてもう一度炎が上がり、これで身が炙られ、おいしさにつながる、これが「芳しい」です。
ですから、フライパンでも焼き魚は作れますが、芳しさには欠けますね。

頭は左。
腹は上火も下火も奥

並べるときの頭の向きは、盛りつけ時と同じ左と決めてしまうとわかりやすいです。

「川の魚は皮から、海の魚は身から焼く」は単なるだじゃれ。関係ないですよ！

いわし

DATA：p.217

煮るときの臭み消しに、しょうがは必要なし

いわしは臭みがあるから、しょうがを入れて煮るといいとよくいわれますが、実際、いわしは臭いでしょうか。流通の発達によって鮮度がいい魚が手に入るようになり、傷んで生臭くなったものは、ほぼないと思います。しょうがを入れるのは、流通がよくなかった昔のやり方。今は、臭み消しの目的でしょうがを入れる必要はありません。とはいえ、ぼくはいわしとしょうがを合わせますが、それは臭み消しではなく、青背の魚の脂っぽさとしょうがの苦みがよく合うからです。

つみれは、火をつける前に入れるのが正解！

つみれは沸騰したところに入れるのではなく、冷たい水に入れてから火をつけます。こうすると、つみれの内と外の上昇温度が同じなので、むらなく火が通り、ふっくらやわらかな仕上がりになります。沸騰したところに入れると、表面だけ先に火が入ってしまい、中まで火が通るころには外は加熱しすぎでおいしくありません。また、水から加熱するとつみれからうまみが出るので、汁もおいしくなります。ただし、煮立ったら必ず弱火にして静かに煮てください。沸騰させると、身がバラバラになってしまいますから。

ペースト状ではなく包丁で粗めに叩く

つみれを作るときは、フードプロセッサーなどでペースト状にするより、包丁で粗く叩くほうが、口に入れたときにほろりとほぐれておいしいです。

一番好きないわし料理は塩焼き。しょうゆをちょっとたらすと最高ですね。

さば

DATA：p.218

みそ煮は煮すぎるとまずい！

「さばの生き腐れ」という言葉がある通り、さばは非常に傷みの早い魚です。しかし、今は流通が発達し、鮮度がぐんとよくなりました。ですから、みそ煮は短時間で煮て、さば本来の味を生かしたほうがおいしい。煮れば煮るほどパサついてまずくなりますから。そこで考えたのが、さばをさっと煮て取り出し、煮汁にとろみをつけて上からかける方法です。これならさばはふっくら、みそもよくからみ、いいことずくめです。

さばのみそ煮

〈材料〉2人分

さば（切り身）……2切れ

塩……少々

しょうが（薄切り）……1/2片分

A
- 酒、水……各100mℓ
- みそ……大さじ3
- 砂糖……大さじ2
- 酢……大さじ1/2

水溶き片栗粉

（水大さじ1、片栗粉大さじ1/2）

〈作り方〉

1. さばは両面に塩をふり、10分おく。
2. 霜降りし（→ p.155）、水気をふく。
3. 鍋にAを入れ、さばを加えて火にかける。煮立ったら落としぶたをして弱火で5分ほど煮て、しょうがを加える。
4. さばを取り出して、水溶き片栗粉でとろみをつける。器に盛り、煮汁をかける。

うまみも栄養も豊富な水煮缶。汁は水で割るとだしになる

さば缶うどん

〈材料〉2人分

さばの水煮缶…… 1缶（180g）
うどん…… 2玉
長ねぎ（1cm幅の斜め切り）…… 1本分
しいたけ（軸を切る）…… 2枚分
ほうれん草…… 2株
A［水…… 450mℓ
　薄口しょうゆ…… 大さじ2
　昆布（8cm角）…… 1枚］
七味唐辛子…… 少々

〈作り方〉

❶ うどんはゆでて水洗いし、水気をきる。ほうれん草はゆでて4cm長さに切る。
❷ 鍋にA、さばの水煮缶（缶汁ごと）、しいたけを入れて火にかけ、ひと煮立ちしたら長ねぎとうどんを加えてさっと煮る。
❸ 器に盛り、ほうれん草を添え、七味唐辛子をふる。

さば缶は、うまみが封じ込められており、健康効果のあるDHAやEPAも溶け出していて、骨ごと食べられるからカルシウム補給にもなる、などといわれて近年人気ですね。事実、さば缶はうまみが強く、それだけでだしになるほどです。たとえば、うどんなどいかがでしょう。冷や汁風にするのもいいですね。ただし、ここでいうさば缶は水煮のタイプ。みそ煮のように味つけしたものは、さばと調味料のうまみが強すぎてくどく感じ、飽きます。

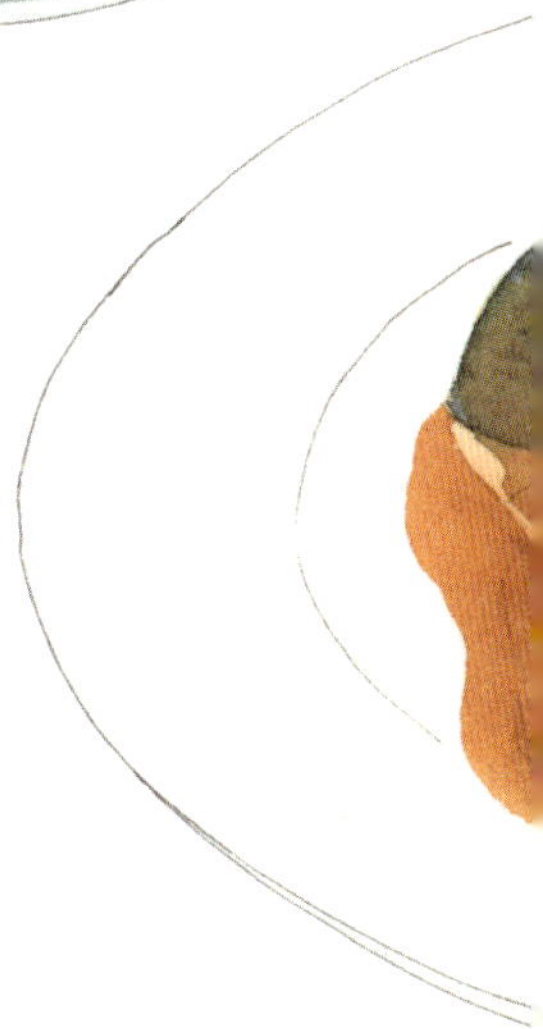

さば缶の生産量はツナ缶を抜いて、単独首位!（2016年の生産統計より）

ぶり

DATA：p.219

照り焼きはフレンチのソース方式で食べる

ぶりの照り焼きをおいしく作るコツは、ぶりを途中で取り出し、火を入れすぎないことです。まず、ぶりに塩をふって15分ほどおき、水洗いして水気をふきます。次に、ぶりの両面を焼き、たれを加えて煮立て、からませます。そうしたら、ぶりを取り出します。残ったたれを煮詰め、ぶりを戻し入れてさっとからめればおしまいです。これはいわば、フランス料理と同じ手法です。魚をちょうどよい火入れでソテーして器に盛り、あとから別に作ったソースをかけるようなものですから。

照り焼きをおいしく作るもう 2つのコツ

照り焼きを作るときは、焼く前に魚に薄く薄力粉をまぶすと、たれがからまりやすいです。また、たれを加える前に余分な脂をふきとると、仕上がりの味がすっきりします。

ぶり大根は、ぶりを出し入れして足並みをそろえる

ぶりと大根では火の通り時間が違うので、スタートを同じにしてはいけません。これが失敗の原因で、ぶりは大根の煮え時間に合わせて力尽き、パサパサでまずくなります。そうならないために、大根はあらかじめ下ゆでして、スタート地点を先にしておきます。そうしたら、ぶりと大根をいっしょに煮ていき、途中でぶりを取り出します。大根がいい具合に煮えたら、ぶりを戻すのです。こうすると、ぶりと大根のゴールがそろい、おいしいぶり大根が作れます。

ぶりの下準備も大切なポイント

ぶりを長時間煮なくてもすむように、しておくことが 2 つあります。塩をふって 20 〜 30 分おき、身の中にも味を入れることと、それを霜降り（→ p.155）して余分な脂や汚れをとることです。

ぶりの子どもはモジャコと呼ばれる。

魚の2つの下準備

1 塩をふる

塩をふる目的は

下味をつけることと、

余分な水分を抜くことです。

それにより次のような効果が得られます。

- □ 魚の身に塩味が入ることで、おいしいと感じられるようになる
- □ うまみが引き出される
- □ 余分な水分が抜けて、味がしみ込みやすくなる

手順は

1 魚の両面に、塩を全体に薄くいきわたるくらいふる。

2 20～30分おき、中心部まで塩を浸透させる。

3 水で洗って塩を落とし、水気をふきとってから使う。

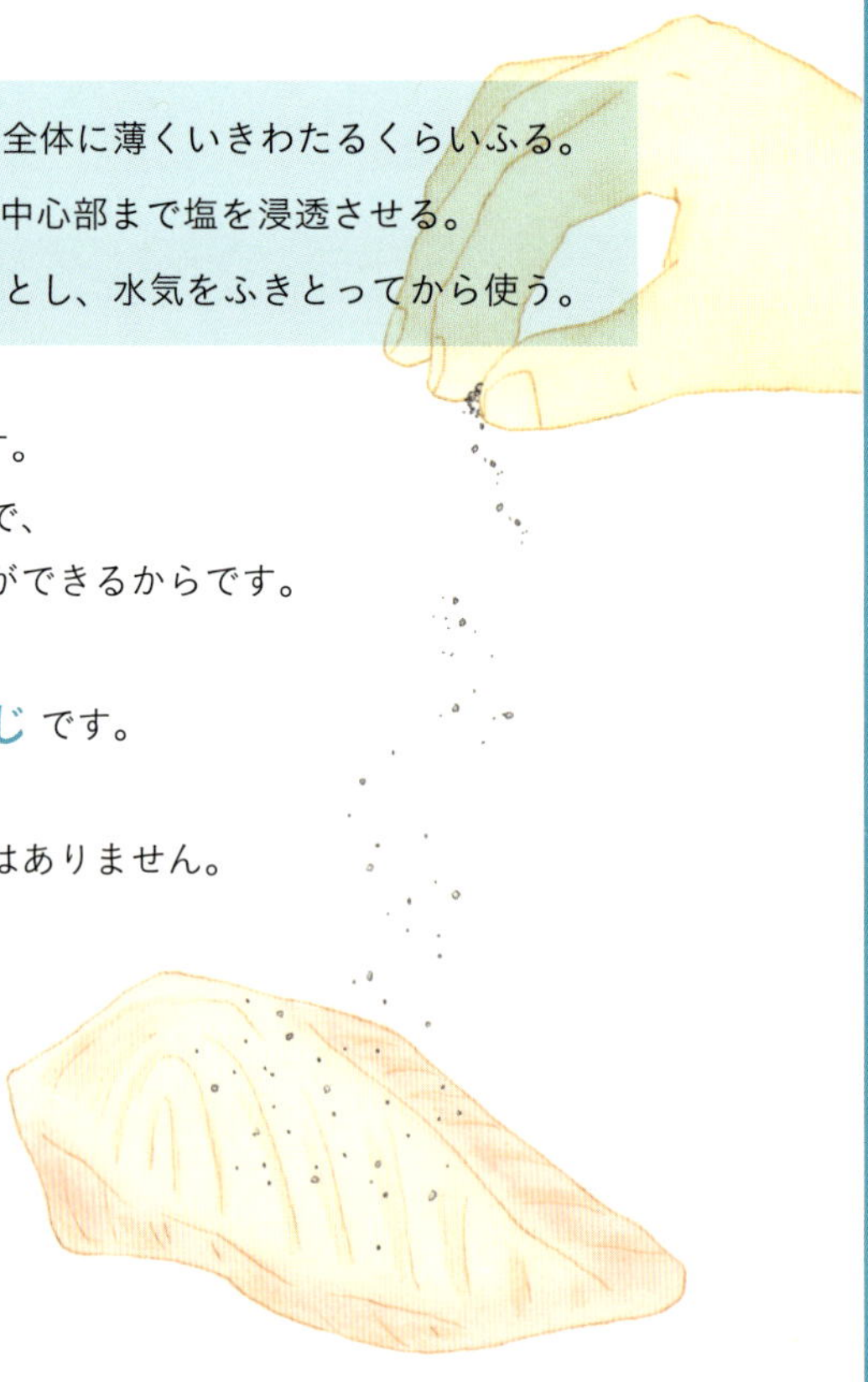

使う塩は、**精製塩**です。

さらさらとしているので、

全体に均一にふることができるからです。

一尾の魚でも

切り身の魚でも同じ です。

ただし、

刺し身と揚げ物は必要はありません。

2 霜降りする

霜降りとは

素材を熱湯にさっとくぐらせて、
汚れやアク、におい、余分な脂肪をとること。

利点は

- □ すっきりした味になる
- □ うまみが閉じ込められる
- □ 煮魚の場合は魚同士がくっつかない

手順は

1 魚を熱湯にさっとくぐらせる。
表面が白くなればよく、時間にすると10秒ほど。

2 冷水にとって余熱が入るのを止め、
指でやさしくこすってうろこや汚れを取る。

ただし、いつも霜降りをしたほうがいいわけではなく、
そのルールは次のように覚えておきましょう。

霜降りをする場合

- □ 繊細な味を楽しむ料理
（煮物、蒸し物）
- □ あっさり食べたいとき
- □ アクを除きたいとき

霜降りをしない場合

- □ 濃い味つけのとき
- □ 揚げ物
- □ 焼き物

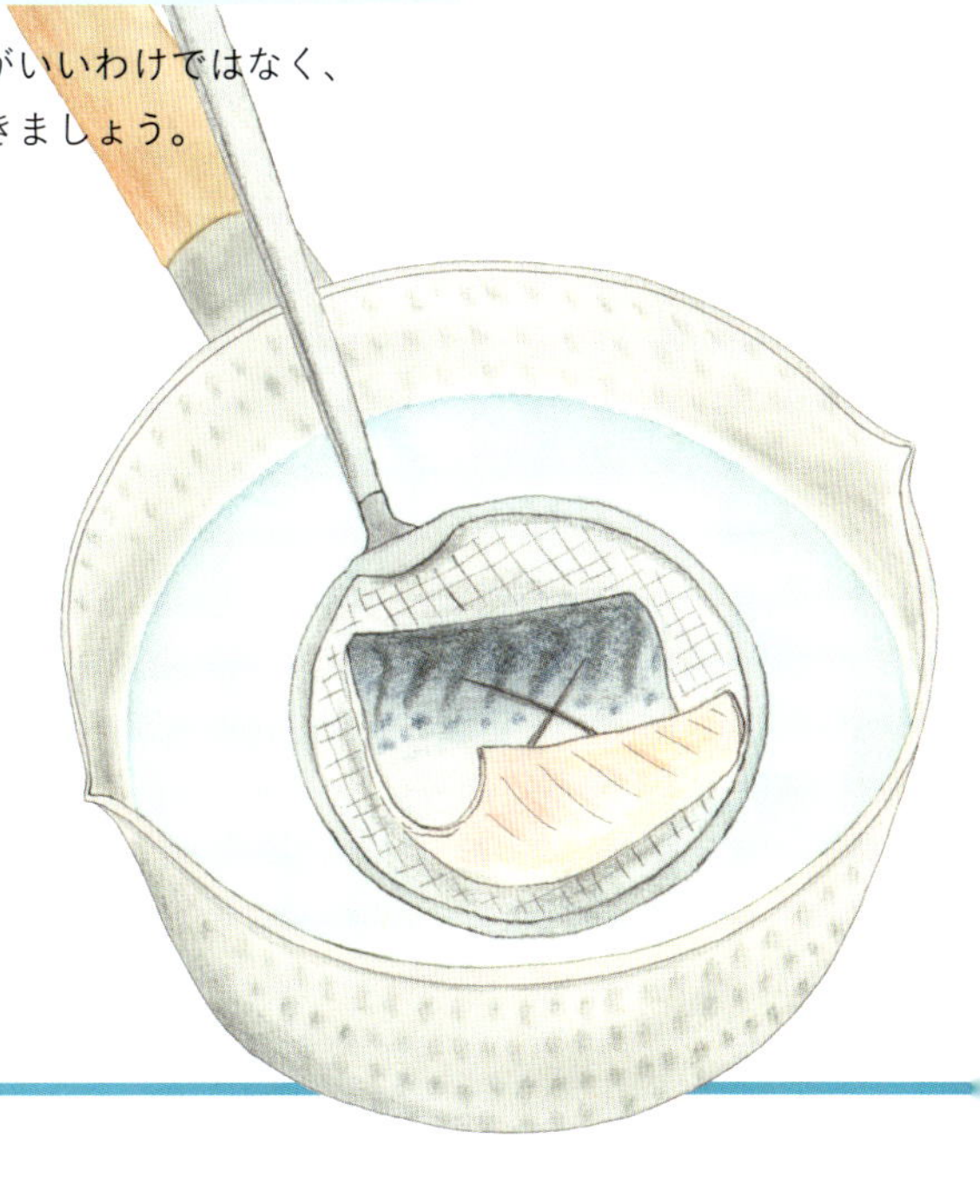

魚も人と同じ。お風呂に入らないと汚いですよ。

さけ

DATA：p.217

ホイル焼きは、身がやわらかいさけに適した調理法

さけは身がやわらかく、水分の多い魚です。だから、定番のホイル焼きは適している調理法といえるでしょう。アルミ箔で覆ってそれごと蒸し焼きにするので、身がくずれる心配がありませんからね。また、アルミ箔で包むことで、しっとりもします。きのこやねぎ、ピーマン、ゆでたかぼちゃなどをいっしょに入れるとおいしいです。味つけはみそが合います。バターでコクを足してもいいでしょう。

さけのつみれ汁

〈材料〉4人分
さけ（切り身）……100g
塩……少々
長ねぎ……1/2本
木綿豆腐（軽く絞る）……50g
A［薄力粉……大さじ2
　 卵……1/4個
B［昆布だし……750mℓ
　 薄口しょうゆ……25mℓ
　 酒……大さじ1/2
柚子の皮（せん切り）……少々

〈作り方〉
❶ さけに塩をふり、30分ほどおく。水で洗って水気をふき、身は包丁で粗めに叩き、皮は細かく切る。長ねぎは半分をみじん切りに、残りを小口切りにする。
❷ すり鉢でさけの身を少し形が残るくらいにすり、Aを混ぜる。豆腐をくずして加え、形が残る程度まで混ぜる。みじん切りの長ねぎを加えて混ぜる。
❸ 鍋にBを入れ、②を丸めて加え、中火にかける。つみれが浮いてきたら、小口切りの長ねぎ、柚子の皮を加える。

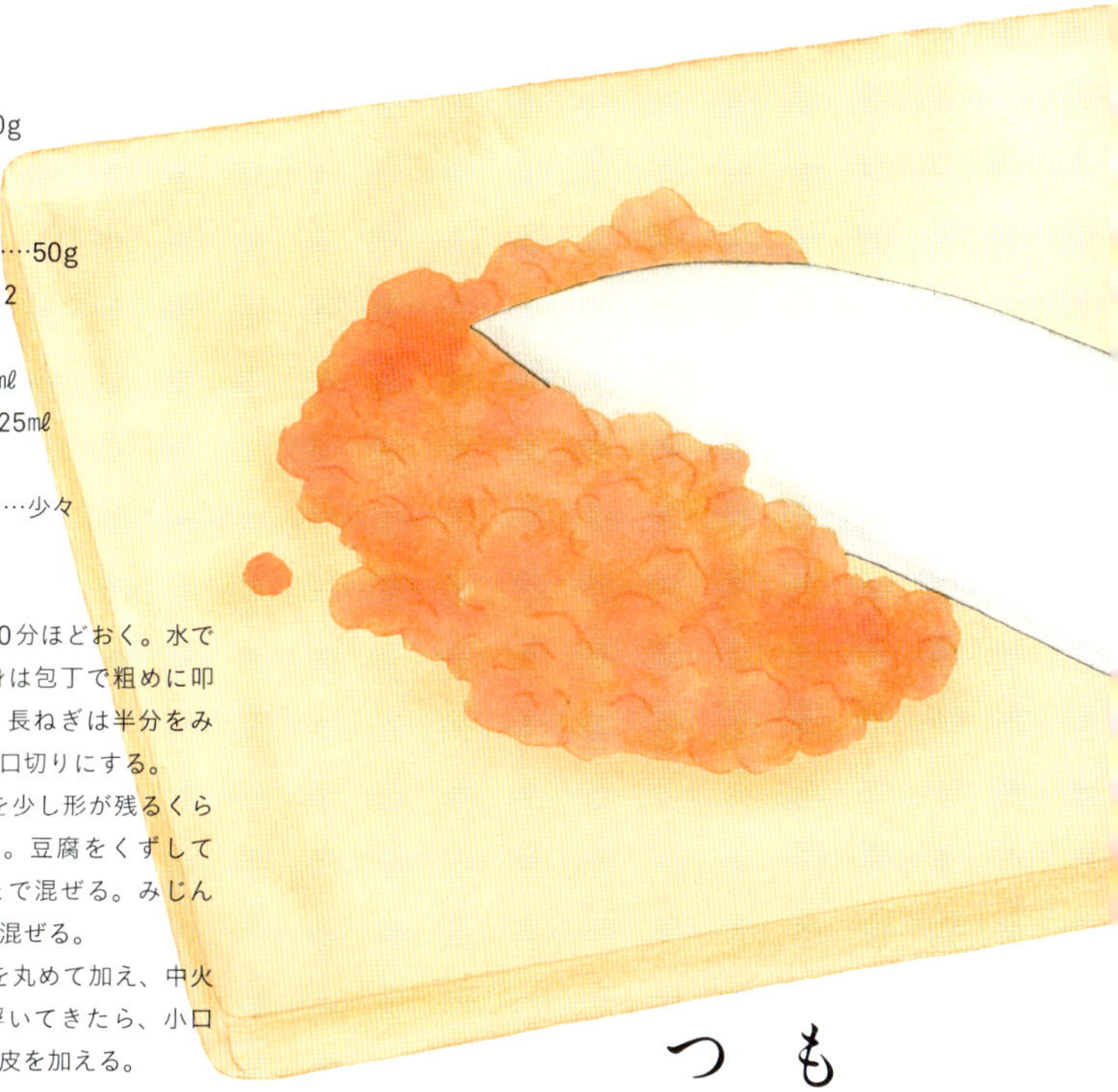

もの足りないときは、つみれにするといい

時期によって脂ののりは違うものの、輸入ものに比べると国産のさけは脂気が少なくさっぱりしています。もう少しコクがほしいときは、つみれにしてみてはいかがでしょう。そのとき、塩をふりすぎると、脂が少ない分だけ身がかたくなりやすいので、気をつけてください。豆腐を加えてもいいでしょう。さけと食感が似ているからなじみやすく、やわらかく食べられます。また、160〜170℃の油で揚げて、あんかけにして食べるのもいいですね。

秋のさけは旬だから脂がのっていると思いきや、産卵前なので身の脂肪が少なく、実はさっぱり味。

「卵のもと」は混ぜるだけで簡単

卵のもとは、卵黄 1 個、サラダ油 100㎖、塩小さじ 1/3、こしょう少々を混ぜるだけ。とろりとしたらできあがりです。材料は作りやすい分量なので、適量取り分けて使ってください。

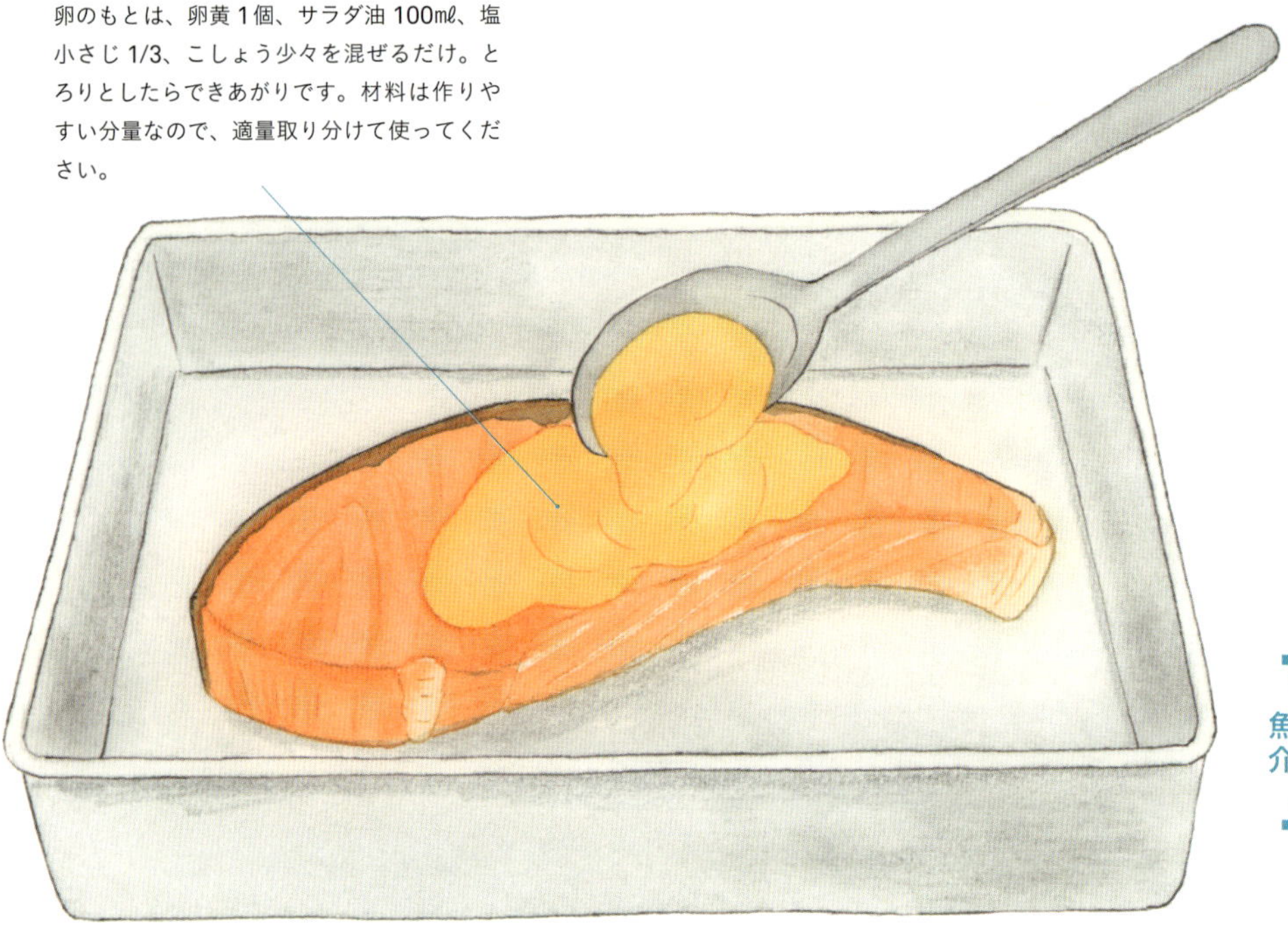

淡白な魚は「卵のもと」でコクを補う

国産のさけは輸入のさけに比べて脂肪が少ないので、もうちょっとコクがほしいと感じることがあるでしょう。そんなときは、油を補ってあげるともの足りなさがカバーできます。その方法のひとつに、「卵のもと」を塗って焼くというやり方があります。卵のもととは、酢の入っていないマヨネーズのようなものです。さけ以外にも、たらなどの白身魚にも合います。

たら

DATA：p.219

まだらと塩だら。おすすめは、まだら

まだらの旬は冬で、寒さが厳しくなるころにおいしくなります。一方の塩だらは、塩漬けにしたたらのこと。水分が多く傷みやすいたらの保存性を高める意味合いがあるのでしょう。おすすめは、味と使いやすさの面で、まだらです。ところで、塩だらは塩辛くて使いづらい、おいしく食べられる方法はないかと質問を受けることがあります。塩抜きして使うほか、西洋料理ならトマトといっしょに煮て、トマトに塩分を移していくのもいいのではないでしょうか。

塩だらが塩辛ければ塩抜きを

1％くらいの薄い塩水につけ、水を数回替えながら塩を抜きます。真水ではうまみも抜けるのでいけません。ただ、そこまでして食べなくてもいいのでは、とも思います。ほかにおいしい魚はありますから。

出鱈目、矢鱈、鱈腹など、「鱈」の字をあてる言葉はけっこうある。

さわら

DATA：p.218

秋は裏返して盛り、平仮名で書く

漢字では鰆と書き、春を告げる魚とされています。これは、かつて春になると瀬戸内海に産卵のために集まってきたことからあてられた字です。しかし、脂ののった冬のものも寒さわらとして関東では好まれ、春に限らず楽しめる魚なのです。けれど、春のイメージが強く、料理屋ではほかの季節は出しにくい。そこで、秋は皮目を下にして盛るなんてこともします。春の裏側は秋なので、しゃれをきかせるというわけです。

漢字で書くと違和感があるなら、平仮名にするなんて手もありますね。

みそ漬けの作り方

みそ床の基本割合は次の通りです。

みそ10 ： 酒1 ： みりん1

ただし、使うみそにもよるので、この割合を基準に好みの味と、のばしやすいかたさに調整してください。なお、比率は重量（g）ではなく、容量の比です。

漬ける前に魚の下準備をします。

塩をふって20～30分おく → 水洗いして水気をふく

漬ける時間の目安は2日ほど。調整したいときは次のようにしましょう。

早く漬けたいとき

□ みそ床をしゃばしゃばの液体にする

ゆっくり漬けたいとき

□ みそ床をかためにする
□ 魚とみそ床の間にガーゼをはさむ

これは、固体状のものよりも液体状のもののほうが素材に味が入りやすいからです。早く漬けたいときは、水も加えてしゃばしゃばくらいまでのばします。これなら60分くらいで漬かります。

どんな魚を漬けたらいいか迷ったら、次のことを参考にして選んでください。

みそ漬けに合う魚

□ さわら、さけ、銀だらなど
（身のやわらかい魚）

みそ漬けに合わない魚

□ たい、ひらめ、かれいなど
（みそ漬けにすると身が締まる白身魚）

さごしは、さわらの幼少期の名。

たい

DATA：p.219

おいしさの見極めどころは身の厚さ

たいは、身が厚いものがおいしいです。切り身なら、まず厚みがあるかを見て、弾力とハリ、ツヤがあるものを選びましょう。一尾のときには、厚みを確認できないでしょうから、全体的にふっくらしたものがいいです。なお、5～6月の麦が実るころに獲れるたいは「麦わらだい」と呼ばれ、産卵後で味が落ちます。

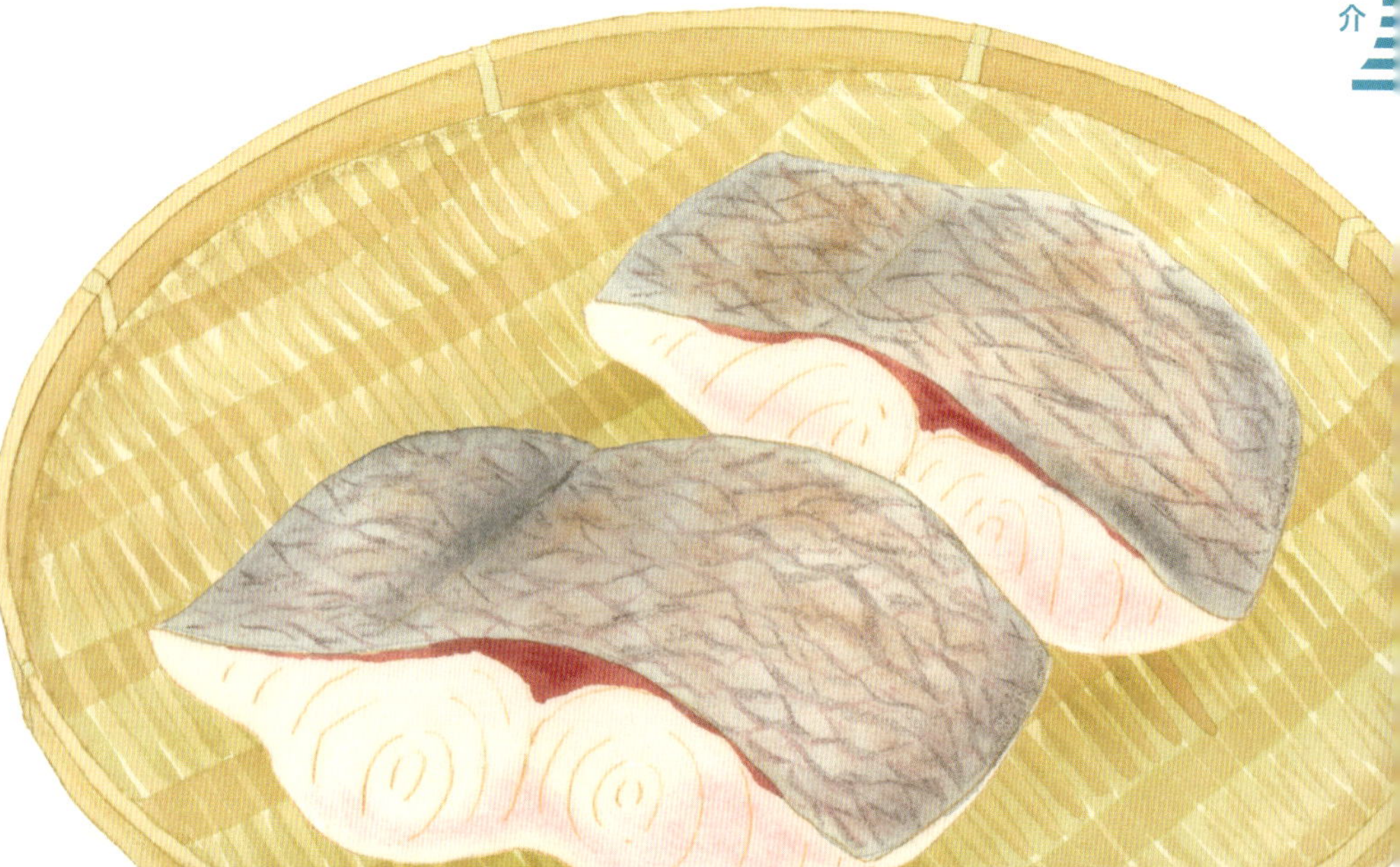

こってり煮るのは昔流。今は酒としょうゆだけで煮る

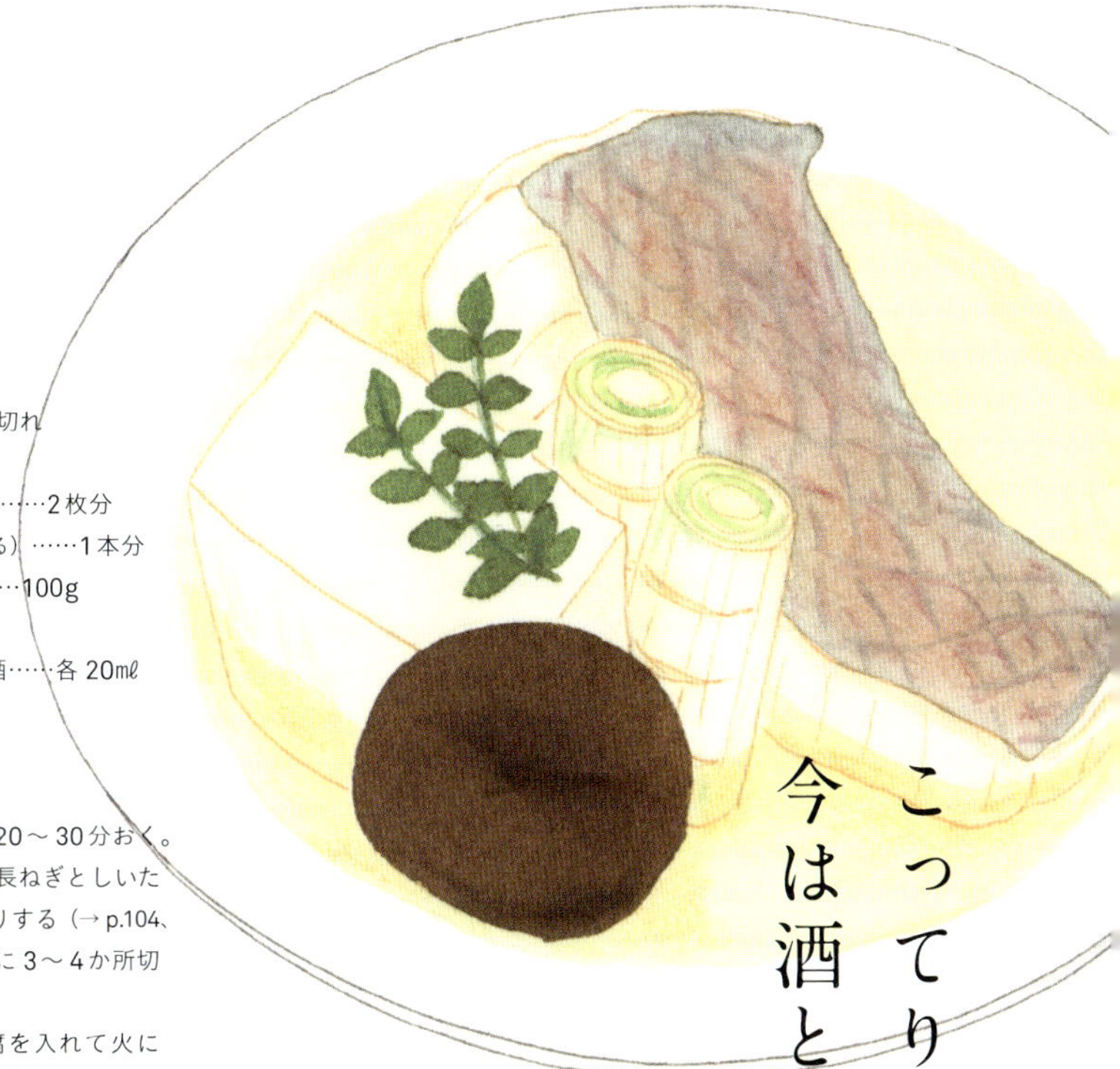

たいの淡煮

〈材料〉2人分
たい（切り身）……2切れ
塩……少々
しいたけ（軸を切る）……2枚分
長ねぎ（5cm長さに切る）……1本分
豆腐（半分に切る）……100g
A［水……300mℓ
　 薄口しょうゆ、酒……各 20mℓ
木の芽……少々

〈作り方〉
❶ たいに塩をふり、20～30分おく。
❷ 鍋に湯を沸かし、長ねぎとしいたけ、たいの順に霜降りする（→ p.104、155）。長ねぎは表面に 3～4か所切り目を入れる。
❸ 鍋に A、②、豆腐を入れて火にかけ、沸騰したら火を弱め、1～2分煮る。器に盛り、木の芽を添える。

煮汁を煮詰めて甘辛く煮る従来の方法は、魚の鮮度がよくなかった昔の方法です。今は流通が発達し、いい魚が手に入ります。だから、魚本来の味を生かした煮方をしたい。そう考え、たどり着いたのが、酒としょうゆだけで煮る「淡煮《あわに》」です。魚の味を生かすには、できるだけ短時間で煮たほうがいいので、長く煮ないことも重要です（→p.168）。さらに、煮汁には水を使います。以前はだしを使っていましたが、あるとき水で煮たら、そのほうがおいしかったからです。

たいには「たいのたい」と呼ばれる、魚の形をした小さな骨がある。

刺し身は皮つきがおいしい。だから、湯をかける

たいの刺し身は、皮ごと食べたほうがおいしい。そのほうがうまみがあり、甘みも感じやすいからです。ただし、皮はかたくてそのままでは噛み切れません。そこで、皮にだけ熱湯をかける「湯引き」という手法を用います。まず、まな板に皮を上にしてたいをおきます。次に、たいに布巾をかぶせ、熱湯を上からさーっとかけます。すぐに冷水にとってあら熱をとりましょう。こうすれば、身は生のままで、皮にだけ熱を入れることができます。魚屋でおろしてもらうときは、ぜひ「皮つきで」とお願いしてみてください。

布巾をかけて丸まり防止

布巾をかけてから熱湯をかけるのは、身が丸まらないようにするためです。もうひとつ、湯が全体に回りやすくするためでもあります。

刺し身の厚みのルール

刺し身をおいしく食べるには、切り方が決め手となります。
その基本は次の通りです。

厚く切る

□ **身がやわらかいとき**
（まぐろ、かつおなど）

薄く切る

□ **身がかたいとき**
（たい、ふぐ、ひらめなど）

□ **新鮮で身がぷりぷりしているとき**

また、「切れる包丁を使うこと」も大事なこと。
刺し身はかみそりのようにスパッと切れた断面がおいしさの一要素です。
切れない包丁では断面がざらっとしますし、
よれよれになってしまい、よろしくありません。

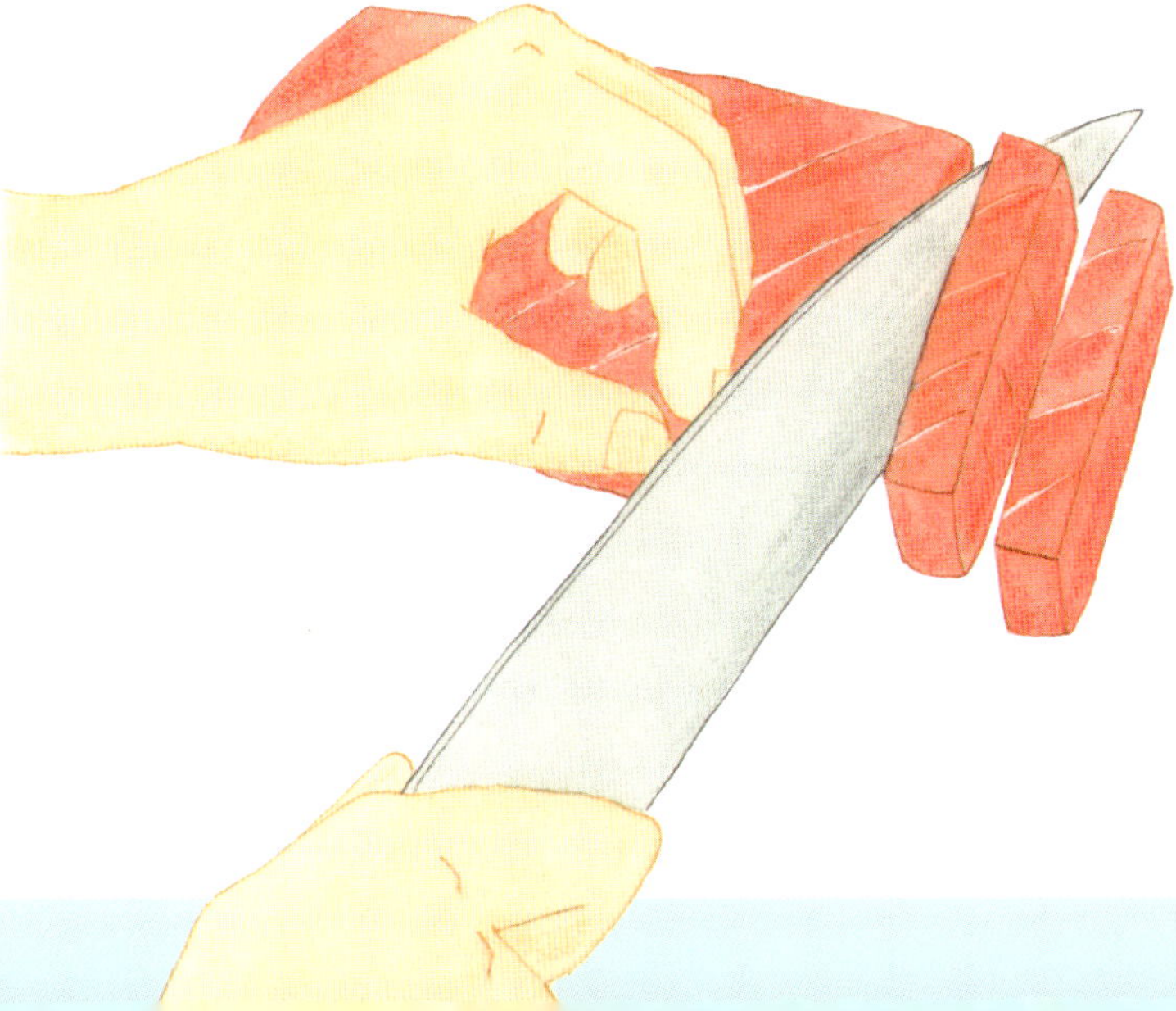

まぐろの赤身はわさびがいいけれど、トロは脂が多いからしょうがが合います。

まぐろ

DATA：p.219

万能に使える魚だから、刺し身だけではもったいない

まぐろは、あまりにも刺し身のイメージが強い魚なので、ほかの調理法で口にすることはあまりないかもしれません。けれど、煮物、焼き物、揚げ物のほか、サラダにだってなる万能な魚です。そのうえ、骨もついていないから非常に便利。煮物なら素揚げにしてから大根おろしといっしょに煮たり、角煮にしたり。揚げ物なら竜田揚げやげんこつ揚げなどに。焼き物なら照り焼きやステーキ、ハンバーグもいいでしょう。こんなに便利な魚はないのに、発想がそちらに向かないのは、非常にもったいないことです。

筋が多いときは煮る。ぷるっ、とろっの食感に

まぐろのさくを買ったとき、筋の多いものにあたってしまったなんてことはありませんか。そんなときは、煮るのがおすすめです。煮るといっても肉ほど時間はかかりません。さっと煮るだけです。煮るとかたい筋がとろっとしたゼラチン状になり、とてもおいしいです。

まぐろの筋身煮

〈材料〉2人分
まぐろ（筋の多いようなもの）……1さく（240g）
豆腐（4等分に切る）……150g
長ねぎ（5cm長さに切る）……1本分
塩……少々
A
- 水……500mℓ
- しょうゆ……大さじ4
- みりん……大さじ2
- 昆布（5cm角）……1枚

〈作り方〉
❶ まぐろは4等分に切り、塩をふって30分おき、霜降りする（→ p.155）。長ねぎは表面に3～4か所切り目を入れる。
❷ 鍋にA、①、豆腐を入れて火にかけ、沸騰したら火を弱めて2～3分煮る。

まぐろのさくは、筋と身が横縞になっているものがよい。縦縞はだめ。

煮魚の約束ごと

煮魚をおいしく作るには、
5つのポイントがあります。

ポイント1　**塩をふっておく**（→ p.154）

ポイント2　**霜降りする**（→ p.155）

ポイント3　**煮汁には水を使う**

ポイント4　**水から煮る**

ポイント5　**煮すぎない**

1つ目の塩をふっておく理由は、ぼくのやり方は煮る時間が短いため、煮るだけでは味がしみないからです。塩をふっておけば、
魚の身に塩味がつき、
煮汁に味が出やすくもなります。
これでもの足りないということもなく、おいしく仕上がります。

2つ目の霜降りをすると、
汚れや臭みがとれて、味がすっきり
します。表面を固めることで、冷たい煮汁に入れても身がくずれる心配がありません。

3つ目のだしではなく水を使うのは、
魚からうまみが出るので、水で十分
だからです。
魚自体の味を感じやすくするため
でもあります。
だしではうまみ過多でくどく、本来の味が感じにくいのです。

4つ目のポイント、水から煮ると、
魚の内と外が同じ温度で
徐々に熱が入るので、
身に味が浸透しやすくなり、
魚からはうまみが
引き出されやすくなります。

5つ目の煮すぎてはだめなわけは、
魚は長く煮るほど風味が落ち、
身が締まってパサパサになり、
まずくなるからです。
切り身の魚なら、水から入れて、
沸騰したら弱火で
1〜2分が基本です。
大きさにもよりますが、
とにかく5分以上は煮ません。

具体的なレシピで、見ていきましょう。

さばの淡煮

〈材料〉1人分
さば（切り身）……1切れ
塩……少々
長ねぎ（切り目を入れる）
……5cm長さ×2本
しいたけ（軸を切る）……1枚分
春菊（半分に切る）……1株分
絹ごし豆腐……40g
A［水……300mℓ
　しょうゆ、酒……各25mℓ
昆布（5cm角）……1枚

〈作り方〉
❶ さばは皮目に十字の切り目を入れ、塩をふって20分おく。➡ポイント1
❷ 鍋に湯を沸かし、長ねぎとしいたけをさっと湯通しする。
❸ ②の湯でさばを10秒ほど浸し、表面が白くなったら水にとって洗う。
➡ポイント2
❹ 鍋にさば、長ねぎ、しいたけ、豆腐、A、昆布を入れ、火にかける。
➡ポイント3/➡ポイント4
❺ ひと煮立ちしたら火を弱め、春菊を加えて1分煮る。➡ポイント5

煮汁には魚のうまみや栄養が溶け出ていますから、ぜひお飲みください。

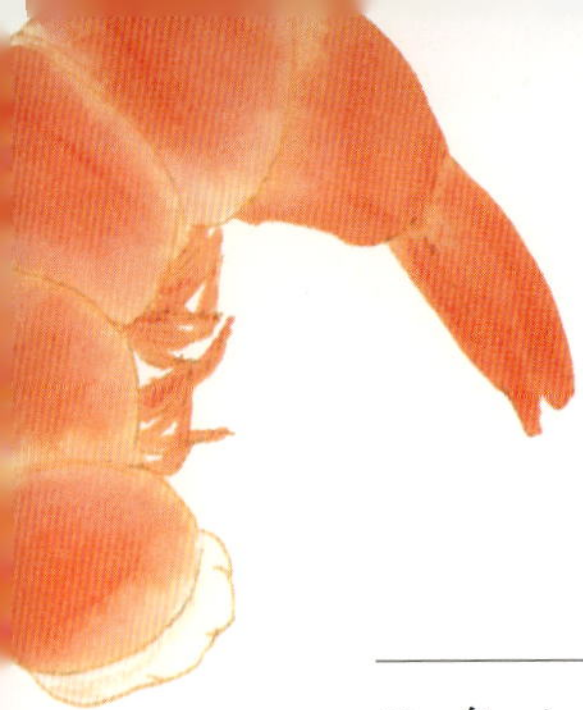
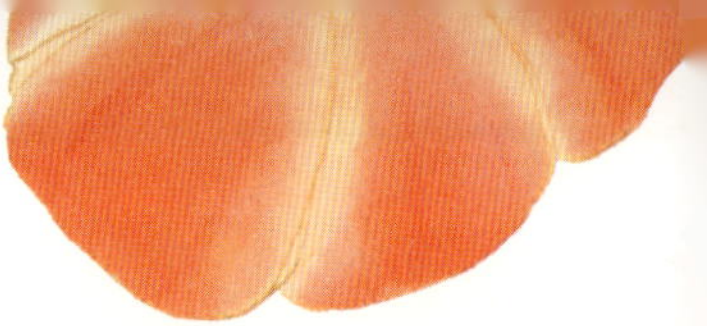

えび

DATA：p.217

殻つきを買うほうがいい。ゆでるときは殻ごとで

えびは殻や頭からもおいしいだしが出ます。ですから、殻がついたものを購入し、ゆでるときは殻ごと、頭がついているならつけたままが鉄則です。そうすれば、身が縮まないですし、傷もつきません。さらにうまみを封じ込める役目もあります。ゆで方は、70℃の湯で5〜6分。この方法なら、えびの身上であるしっとりとした食感を保て、かたくならずにゆでられます。身と殻の間に層ができるのが、ゆであがりの目安です。

殻をむくのは冷めてから

殻ごとゆでたえびは、水にとると水っぽくなるので、ざるにあげて乾かないように、かたく絞ったぬれ布巾をかぶせて冷まします。冷めるときに殻からうまみが移るので、完全に冷ましてから殻をむきましょう。

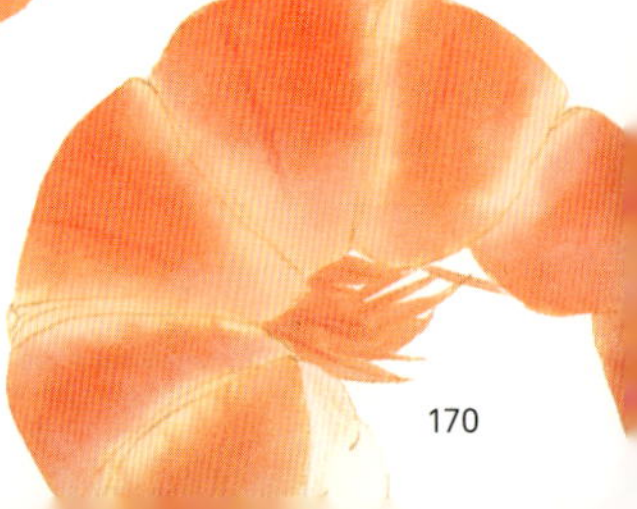

背わたを取る方法は3つ。形を生かすかで選ぶ

竹串で抜く方法

えびを曲げて持ち、尾から2～3節目に竹串を刺し入れて、引き抜きましょう。

えびの背わたは、えびの消化器官。人間でいうところの胃や腸です。ここにはえびが食べたものの残りや砂などが残っていることがあり、口当たりが悪いので取ります。その方法は、①竹串で抜く、②殻をむいてから背を包丁で開いて取る、③頭を取るのと同時に抜き取るの3通り。①はえびの形を生かしたいときに、②は天ぷらなどに。③は有頭えびのときに用いる方法です。

甘えびの卵は青い。

いか

DATA：p.216

表面に細かい切り目を入れると、味が感じやすくなる

いかを刺し身や、さっと湯通しして食べるようなときには、表面に細かく切り目を入れましょう。いかの身はかたくて、そのままでは味を感じにくいからです。表面に細かい切り目を入れると、表面積が大きくなります。すると、その分舌に触れる面積も増えるので、味が感じやすくなるというわけです。なお、切り目は縦方向（頭から足の方向）に入れましょう。横方向に走っている筋繊維を断ち切るためです。斜め格子に切る「松笠《まつかさ》切り」も、いかによく用いられる切り方です。

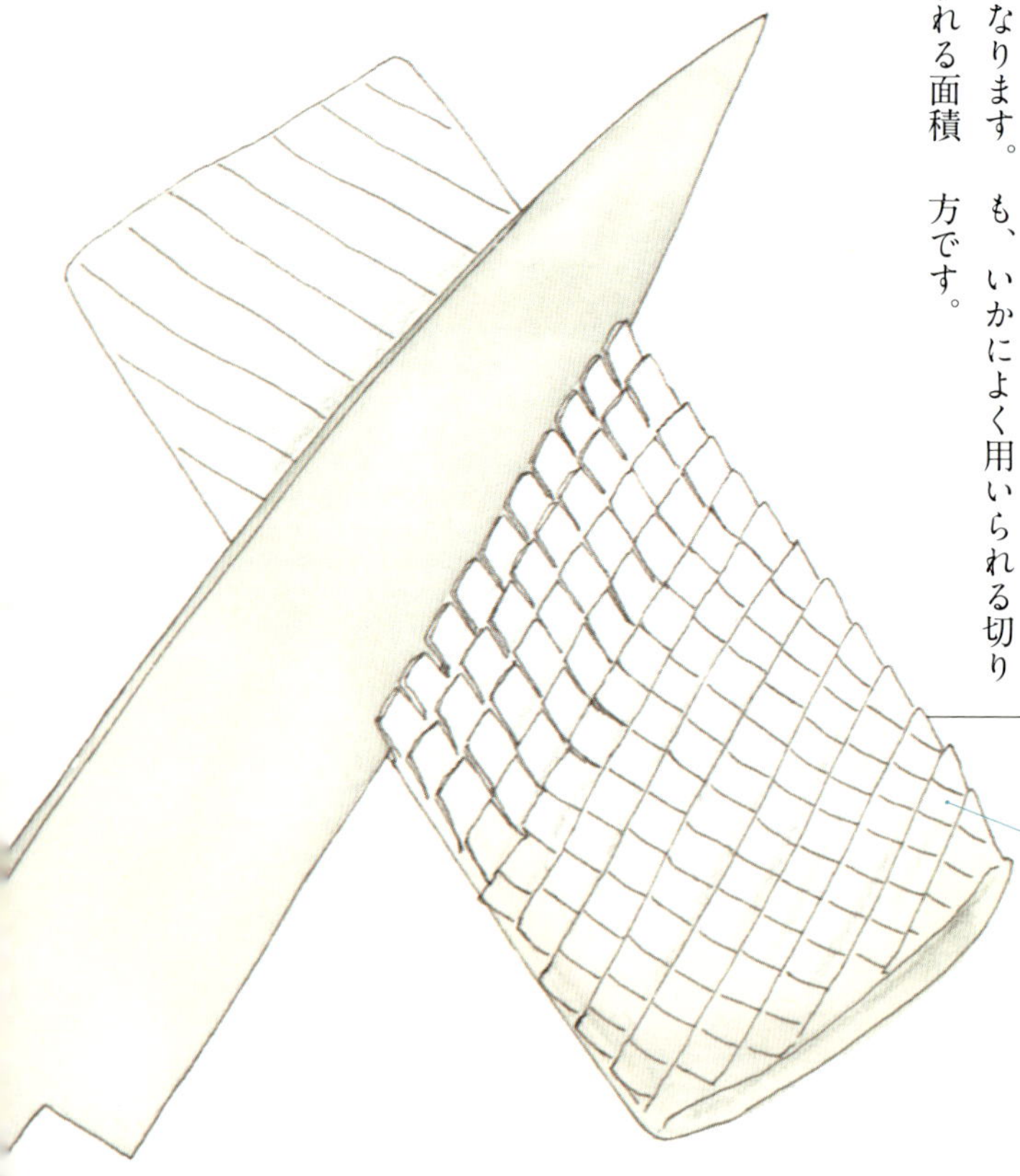

「松笠切り」は食べやすく見た目もいい

松笠切りは、いかが食べやすくなるだけでなく、見た目にも美しい切り方です。手順は皮がついていた側を上にし、包丁を斜めにあて、細かい切り目を斜め格子に入れます。

煮物なら輪切りが一番身が縮まない方法

いかは加熱をすると縮むので、煮物にするときは、横方向（頭から足の方向を縦としたときに、逆の方向）に走っている筋繊維を切っておかなければいけません。それには、筋繊維を短く断つことができる輪切りがいい。縮みにくいだけでなく、噛み切りやすさにもつながりますし、形が円状なので丸まって反り返る心配もありません。いかとさといもの煮物なんかは、おなじみの料理ですね。さといもとゲソをいっしょに煮ていかの味をさといもに移し、仕上げに輪切りにした胴を加えて2分も煮れば十分。こうすれば、いかがかたくなりません。

いかには骨がない。

あさり・しじみ

DATA：p.216、p.218

リゾート空間を作ってあげると、よく砂を吐く

あさりの砂抜きをするときは、まずバットのような平らな容器に重ならないように並べます。そうしたら、1.5～2％塩分濃度の塩水をひたひたに注ぎましょう。あさりは20℃くらいの水につけたときが一番砂を吐くので、そのくらいの温度にするといいですよ。あとは、暗い場所に最低2～3時間おきましょう。要は、あさりにくつろいでもらうためにリゾートを提供するようなものです。しじみも方法は同じですが、淡水にいる貝なので、塩水ではなく真水を使います。

加熱しすぎは厳禁。殻が開いたら終了の合図

あさりやしじみからだしをとるときは、どちらも加熱をしすぎてはいけません。水から加熱しはじめ、殻が開いたら火が通った証拠です。加熱はそこで止めましょう。沸騰させると身が締まってだしが出にくくなり、身もかたくなります。なお、だしをとる前に水に2～3分つけて塩抜きすることも忘れずに。これをしないと、だしが塩辛くなってしまうからです。殻が開いたら加熱を止めるのは、酒蒸しでも煮物でも同じです。煮物なら殻が開いたら取り出し、ほかの食材が煮えたら戻しましょう。

あさりは殻つきを買う

あさりのうまみは殻からも出ます。ですから、買うときは殻つきのほうがいいです。洗うときは、両手のひらの中で殻をこすり合わせるようにします。

砂抜きずみのあさりやしじみでも、念のため20分くらい砂抜きするといいですよ。

干物

手作り干物は冬が向く

腹開きした魚に3％くらいの塩をふるか、2％塩水に30分以上漬け、風に半日くらいあてると手作り干物ができます。乾燥しているほうがいいので、冬がいいですね。

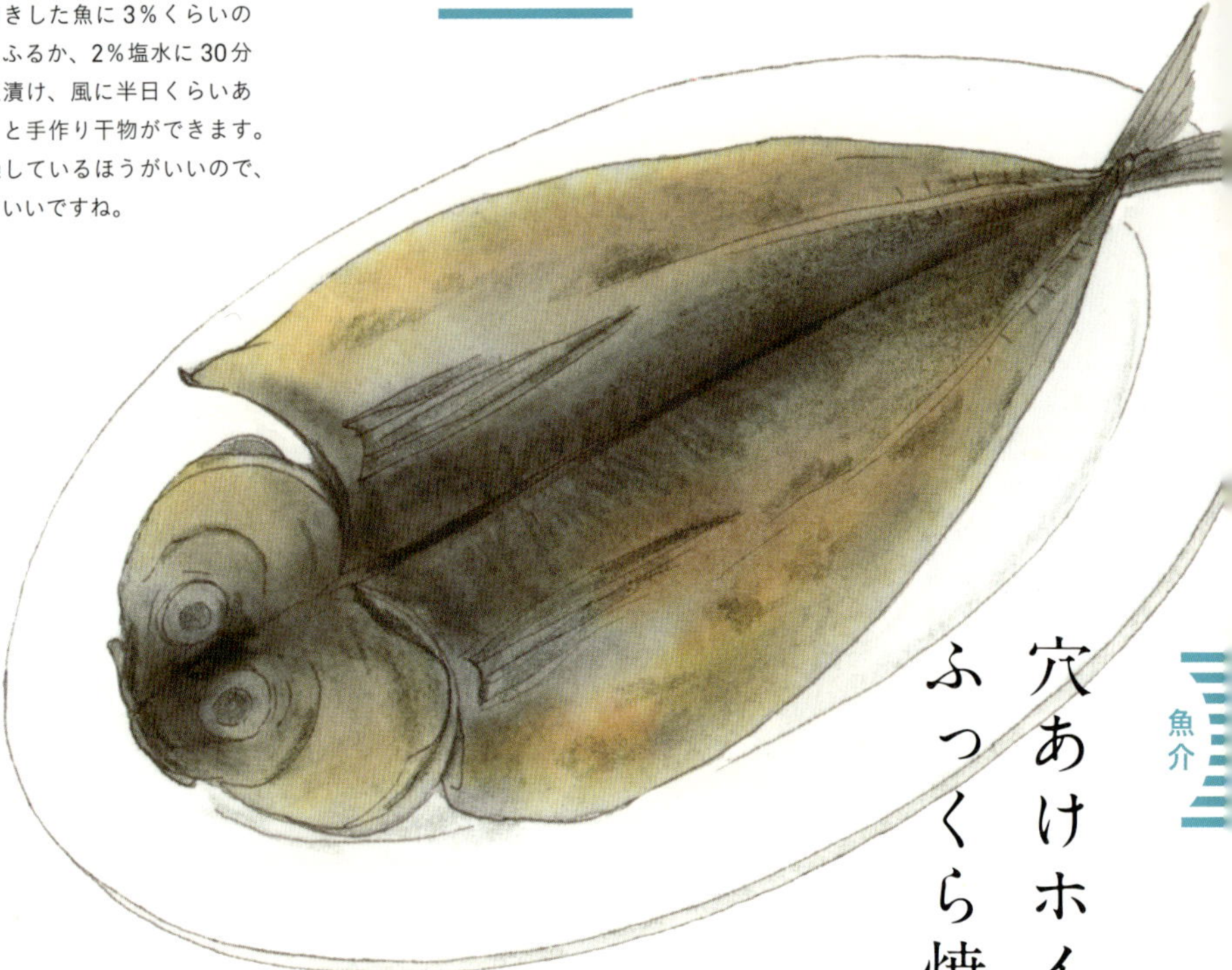

魚介

穴あけホイルをかぶせるとふっくら焼ける

干物は、生の魚よりも火が通りやすいので、焼きすぎてしまうことがあります。また、身が薄いところだけがこげてしまうこともあるでしょう。そこで、干物をグリルでおいしく焼くための方法ですが、まずアルミ箔を用意してください。そこに竹串くらいの細かい穴をたくさんあけます。もし花を生けるときの剣山《けんざん》があったら利用すると楽ですね。これで準備完了。干物にそれをかぶせて中火で焼きましょう。こうすると熱が分散され、こげずにふっくら焼けます。こげやすいみそ漬けや粕漬けもこの方法で焼くといいです。

米

生の米とごはんの扱い方について
紹介しています。
なお、米は精白米についての記述です。

米

DATA：p.220

銘柄よりも鮮度。だから食べきれる分だけ買う

日本の米はどれを食べてもおいしく、味の差はほとんどないと思っています。ですから、ブランド米や知名度の高いものを買うのではなく、信頼できる店で自分がおいしいと感じるものを選んでください。はじめて買う銘柄は最少量を買って試してみるといいでしょう。ただし、銘柄にこだわるよりも大事なのは、精米したてのものを食べること。よく1年分の米を送ってもらって精米した状態でおいておく人がいますが、あれはよくありません。精米後2週間以内に食べきるのが理想です。だから、米は少量ずつ買いましょう。

米の洗い方

❶ ボウルに米を入れ、水をたっぷり加えてかき混ぜる。
❷ 水を捨て、もう一度水をたっぷり加え、のの字を書くように数回軽くかき混ぜる。水を2～3回替えながら、これをくり返す。

米はとぐのではなく洗う

新米とは、収穫した年の12月31日までに詰めたもの。

昔の米はぬかがたくさんついていて臭かったため、力を入れて磨くように「とぐ」必要がありましたが、今は精米技術が向上し、米にあまりぬかはついていません。実際、においをかいでも臭くはないですよね。ですから、今はやさしく「洗う」だけで十分です。ぎゅっぎゅっと力を入れると米が割れてしまいます。また、洗いすぎもよくありません。同じく米の割れの原因になるからです。洗い終わりの水はほぼ透明ですが、完全な透明ではありません。少し白濁しているくらいですが、これでおしまいです。

浸水15分、ざるあげ15分で米を炊く準備は完了

米は豆と同じ乾物ですから、水につけてもどす必要がある。つまり、米粒の中心にまで水をいきわたらせておかなければなりません。そうしないと、芯のあるごはんに炊きあがってしまいます。そこで、洗った米は「15分水につけ、ざるにあげて15分おく」というやり方をぼくはしています。こうすると、計30分の間に米の芯にまで水が到達し、ちょうどいい状態になります。なお、無洗米も同じように浸水させてください。

炊くときの水の量は米とほぼ同量

米を炊くときの水の量は、浸水させた米の9割。同量でもいいのですが、少し控えめにしたほうがおいしく炊けます。手順でいうと、浸水させた米を容器ではかって土鍋や炊飯釜に入れたら、同じ容器で米より1割少ない9割の水をはかり、加えます。この決まりを覚えておくと、炊飯器の目盛りに頼らなくても炊けますし、何合洗ったか忘れてしまったときでも心配ありません。

新米は水をもっと控える

新米は水分を多く含んでいるので、水加減は9割よりもやや少なめにします。減らす量は、おちょこ1杯程度を目安にし、何度か調整していい水加減を見つけてください。

浸水させた米を冷蔵庫に入れておくと、忙しいときの時間短縮になり、便利です。

ごはんが炊ける仕組みは、火山の噴火のよう

鍋に入れた米と水は、火という外からの力が加えられると、火山と同じように噴火を起こし、そのうちぼこぼこと沸き立ちます。やがて落ち着いてくると、水分の通り道だったところが固まって、表面にぽこぽこと穴があきます。まるで火山の噴火口のようなこの穴を「かに穴」と呼び、これは鍋の中できちんと対流が起こった証拠です。このあと火を消すと、今まで外に逃げ出そうとしていた水蒸気は、力が弱まり、天井（ふた）にぶつかって水分となり、ごはんに降り注ぎます。それにより、ごはんがふっくらします。同時に、鍋と外気の温度差で鍋の側面にすき間ができます。これにより、ごはんが鍋にこびりつきません。火を止めてから蒸らすのは、こうした理由です。

米がごはんに変身する条件は、水分＋熱＋時間

ごはんはスリーセブンゴーゴー（7分、7分、7分、5分、5分）で炊きますよ！

ごはんの炊き方
（土鍋の場合）

❶ 土鍋に浸水させた米を入れ、9割の水を加える。
❷ ふたをして強火にかけ、7分ほどかけて沸騰までもっていく（7分前に沸騰したら、ふたを少しずらす）。
❸ 中火弱にし（吹きこぼれない火加減）、ふたを少しずらして7分加熱する。
❹ 弱火にし、ふたをして7分加熱する。
❺ 極々弱火にし、5分加熱する。
※沸騰してからここまでで、約20分。これが米をごはんに変えるために必要な時間。
❻ 火を消し、ふたをしたまま5分蒸らす。

米をごはんとして食べられる状態にするには、水と１００℃の熱源、20分という時間が必要です。炊く道具が何に変わろうとも、ごはんはこの条件のもとで炊かなくてはなりません。ところで、昔からごはんを炊くときは「赤子泣いてもふた取るな」といわれますが、これは蒸らしているときのことをいっています。ふたを取ると、温度が下がってしまい、条件のひとつが満たされなくなるから具合が悪いということですね。

おいしく炊くには IHよりガス

ごはんを炊くときの熱源は、ガスでもＩＨでもかまいませんが、ぼくの見解としては炊きあがりのおいしさがちょっと違うなと思います。ガスは火が底だけでなく側面にもあたるので熱が双方から加わって、鍋の中で十分な対流が起こります。一方、ＩＨは、熱が底からだけしか加わらないので、対流が弱い。よって、ガスのほうが炊きむらなくおいしく炊けるのです。

保温モードにしておくと、まずくなる

朝にごはんを炊飯器で炊いて、夜までそのまま保温しておき、夜にそれを食べるなんてことをしてはいませんか。保温しっぱなしにしていると、加熱が続くことでごはんの風味が飛んでしまい、まずくなります。炊きあがったらしゃもじでほぐし、ここでスイッチを切ってしまいます。そうしたら、ぬれ布巾をかぶせ、炊飯器のふたをせずにおき、冷めたらふたをします。当然のことながら、ごはんは冷たくなってしまいますが、電子レンジで温め直せばいいだけのこと。そのほうがずっとおいしく食べられます。

浸水させた米なら早炊きモードで炊く

炊飯器の炊飯時間には、米を浸水させる時間も含んでいることが多く、普通モードで炊くと時間がかかります。浸水させた米を使うなら、早炊きモードで炊きましょう。

こだわるなら、弱アルカリ性の水のほうがおいしく炊けます。

おにぎりは にぎらないほうが おいしい

表面はきゅっと締まっていて、中はほろっとくずれる、こんなおにぎりがおいしい。それには「にぎらない」ことがポイントです。「にぎる」のではなく、ごはん粒同士をふわっとくっつけて「結ぶ」のです。まずは、ごはん茶碗と塩水（水½カップに塩小さじ1を溶かしたもの）を用意してください。塩を直接手につけると塩味にむらができるからです。そして、ごはんはバットに広げ、底に箸をかませて風通りをよくし、ぬれ布巾をかけてあら熱をとっておきましょう。あとは下記の通り。本当においしいおにぎりをお召し上がりください。

おにぎりの作り方

1. 茶碗を塩水でぬらし、手にも塩水をつける。
2. 茶碗にごはんをよそい、縁をととのえる程度に軽く押さえる。
3. ごはんをつかんで上下を返す。これを2回ほどくり返す。ごはんの真ん中は押さえないので、どら焼きのような形だが、それでよい。
4. 茶碗から手のひらに出し、縁をととのえる。

すしめしは
バットで十分。
うちわも必要なし！

しゃもじで混ぜて
余分な熱と水分を飛ばす

ごはんが熱いうちにすし酢をかけて、しゃもじで切るように混ぜます。これで、余分な熱と水分を飛ばしましょう。

家庭で作るすしめしは2～3合でしょうから、盤台《はんだい》を用意しなくてもバットで十分です。バットなら、表面積が大きいので余分な熱や水分が飛びやすく、蒸れる心配はありません。さらに、冷めやすさにもつながるため、うちわであおぐ必要もありません。バットにごはんを広げてすし酢をかけ、しゃもじで混ぜます。かたく絞ったきれいな布巾をかけて冷ましましょう。

青じそ、しょうが、ごまなどを加えた薬味ずしは、失敗なしでおいしいです。

炊き込みごはんは、具を入れたら混ぜない

炊き込みごはんは、米に水と調味料を加え、具をのせて炊きますが、むらなく混ぜたほうがいいのか迷うことはありませんか。調味料を加えるところまでは混ぜてもかまいませんが、具をのせたら混ぜてはいけません。なぜなら、具を加えてから混ぜると米が水から出てしまうことがあり、そうすると芯が残って炊きあがるからです。

重量のある具は不向き

重い具をのせると米は身動きがとれず、対流ができなくなり、炊きあがりにむらができてしまいます。たいなどは、一尾ではなく切り身を使うのがおすすめです。

炊き込みごはんの具は、入れるタイミングが3通り

入れるタイミング別
具の食材例

①最初から入れる食材：豆、いも、栗など。
②途中で入れる食材：塩で下味をつけた切り身魚、霜降りした肉（→ p.115）、きのこ（→ p.104）など。
③最後に入れる食材：ゆでた青菜、ちりめんじゃこ、のり、しょうがなど。

炊き込みごはんの具は、3つのタイミングで入れ分けます。なぜ3通りにも分けるかというと、食材の火の通り時間がまちまちなので、炊きあがりを一番おいしい状態にそろえたいからです。3つのタイミングとは、①火の通りにくい食材は最初から、②火を通しすぎたくないものは途中で、③火が通っているものや生でも食べられるもの、色や香りを生かしたいものは最後に加えます。②の途中とは、土鍋なら表面に水がなくなって米肌が見えたとき（p.183の炊き方なら手順④のとき）、炊飯器なら蒸気があがったときです。

炊き込みごはんの具の量は、多くても米の3分の1量までにしましょう。

春夏秋冬
おすすめの炊き込みごはん

ぼくの店のメニューは1週間に1度変えるので、これまでに数えきれないほどの炊き込みごはんを作ってきました。そうした中から、おすすめの具を紹介します。

		具を入れるタイミング（→ p.189）		
		最初から	途中で	最後に
春	たけのこ +グリーンピース	たけのこ （下ゆでしたもの）		グリーンピース
	たい（切り身） +油揚げ		たい （塩をふって 霜降りしておく）	油揚げ
夏	新しょうが +油揚げ			新しょうが 油揚げ
	みょうが +鶏ひき肉		鶏ひき肉 （霜降りしておく）	みょうが
秋	さつまいも +さけ（切り身）	さつまいも	さけ （塩をふって 霜降りしておく）	
	ごぼう +鶏ひき肉	ごぼう	鶏ひき肉 （霜降りしておく）	
	れんこん +ちりめんじゃこ	れんこん		ちりめんじゃこ
冬	かき +生のり +しょうが	かき （フードプロセッサーで ペースト状にしておく）		生のり しょうが
	ぶり（切り身） +しょうが		ぶり （塩をふって 霜降りしておく）	しょうが

※霜降りの方法は、肉→ p.115、魚→ p.155。

調味料・だし素材

基本の調味料5つを
「さ（砂糖）、し（塩）、す（酢）、
せ（しょうゆ）、そ（みそ）」の順に紹介しています。
だし素材は、和風のだしをとるときに使う、
かつお節、昆布、煮干し
についての記述です。

砂糖

DATA：p.220

一番甘く感じるのは黒糖。一番さっぱりなのは氷砂糖

こってりとした甘み、コクが強い、色が濃い

- 黒砂糖
- 三温糖
- 黄ざらめ（中ざら糖）
- 上白糖
- グラニュー糖
- 白ざらめ（白ざら糖）
- 氷砂糖

さっぱりとした甘み、コクが弱い、色が薄い

砂糖にはいろいろな種類がありますが、実はどれも甘さは同じ。そうはいっても、黒砂糖のほうがグラニュー糖より甘く感じると思うかもしれませんが、それは不純物（ミネラル分）が多いか少ないかの違いです。黒砂糖はミネラル分を多く含むので、甘く感じるのです。では、一番さっぱりしているのは何かというと、純度の高い氷砂糖です。

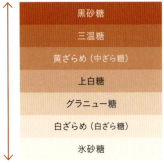

甘みの強い煮物は、砂糖渋滞を起こさないように煮る

煮豆など、砂糖をたくさん使う煮物を作るときは、砂糖を一気に入れてはいけません。砂糖の濃度が高くなると、食材と調味液の間で行き来がしにくくなり、味がしみ込まなくなるからです。たとえるなら、人が大勢いる道は歩きにくいですが、少なければスムーズに歩けますよね。それと同じことです。それだけでなく、砂糖には水との結びつきが強い性質があるので、一気に入れると豆が急激に脱水されて皮がしわしわになり、仕上がりがかたくなってしまいます。そうならないために、砂糖は数回に分けて加えましょう。

あんこは黄ざらめか三温糖。コクがあったほうがおいしいですからね。

砂糖は水となかよし。それがさまざまな効果のもと

砂糖は水に溶けやすく、水と結びつきが強い性質があります。これを親水性といい、多くの調理効果をもたらします(→ p.220)。ちなみに、砂糖は、コップ１杯の水（200㎖）に約400gも溶けるといわれます。

塩

DATA：p.221

自然塩と精製塩に優劣なし。用途に応じて使い分ける

ぼくは自然塩※と精製塩のどちらも使います。自然塩のほうがミネラル分が多く含まれるのでよいといわれることもありますが、それは微量ですし、ミネラルはほかの食材からとればいいと考えるからです。ですから、ぼくの場合は、味の面というより、目的に応じて使い分けます。自然塩は、焼くと香ばしくなるので、魚や肉を焼くときのほか、豆腐を塩で食べるなど塩を味わうときに使います。もう一方の精製塩は、魚や野菜の脱水など下ごしらえのときに使います。さらさらでむらなくふれますし、洗い流すのだから手ごろな価格のほうがいいですよね。

※自然塩という表示は定義があいまいとの理由から、食用塩公正取引協議会により表示の使用が禁止されました。ここでは精製塩との区別を明確にするために使用しています。

塩が通訳となり、「味の道」を作る

野菜や魚に塩をふることを、ぼくは「『味の道』を作る」と表現しています。どういうことかというと、たとえばきゅうりの酢の物ならば、塩をふって水分を出しておくと、次の甘酢が入りやすくなります。魚も同じことです（→p.154）。つまり、塩が「味の道」を作ることで、言葉が通じない素材と調味料が通じ合えるようになるのです。いうなれば、両者を取り持つ「通訳」のようなものですね。

味の道は、うまみの道にも通ずる

塩をふって水分を抜くことには、味の道を作るだけでなく、うまみを引き出す効果もあります。塩には、ほかにもさまざまな調理効果があります（→ p.221）。

塩の容器に、からいりした米を入れると湿気にくい。

酢

DATA：p.222

使いやすいのは、香りが強すぎない穀物酢

なじみがあるのは、穀物酢と米酢でしょう。穀物酢は香りが穏やかで酸味もすっきりとしています。もう一方の米酢はうまみやコクがあり、香りも強いといった特徴があります。ぼくがおすすめしているのは、穀物酢のほう。理由は、和洋中問わず、さまざまな料理に使いやすいからです。米酢はうまみや香りが料理によっては邪魔に感じることもありますからね。でも、米酢の香りやコクを加えたい料理や酢じめ、甘辛い味やしょうゆを多めに使うときなどには、米酢を使うこともあります。

酢は常温で保存

酢の主成分である酢酸には菌の増殖を防ぐ効果があります（→ p.222）。このことからもわかるように、酢は冷蔵庫に入れなくてもいい調味料です。直射日光のあたらない涼しい場所で保存しましょう。

いったん沸騰させると、酸味がまろやかになる

酢を使うときには、一度沸騰させると、ツーンとした強い酸味がやわらいでまろやかになり、その分うまみが感じやすくなります。とくに強い酸味が苦手な人にはおすすめです。使う量が少なければ電子レンジでもかまいません。たとえば、たこときゅうりの酢の物ならば、酢としょうゆを1対1の割合で合わせた二杯酢を電子レンジにかけて一度沸騰させ、冷ましてから使いましょう。

温めた牛乳に酢を加えると固まってカッテージチーズができる。

しょうゆ

DATA：p.221

うまみが強いのは濃口。素材の色が生きるのは薄口

濃口と薄口しょうゆの大きな違いは、うまみと色、塩分濃度です。濃口はうまみが強く、色が濃い。薄口はうまみが弱く、色が薄い。そして塩分濃度は薄口のほうが高く、塩辛いです。2つの使い分けは、使う食材のうまみの量、色の美しさなどを見て決めるしかないのですが、ざっくりとした法則をお伝えしましょう。コクを加えたいなら濃口。食材の色をきれいに見せてあっさり味にしたいなら薄口です。薄口がある家庭は少ないかもしれませんが、ぼくは1本用意することをおすすめしています。食材の色を生かせてすっきりした味になり、料理の幅が広がります。

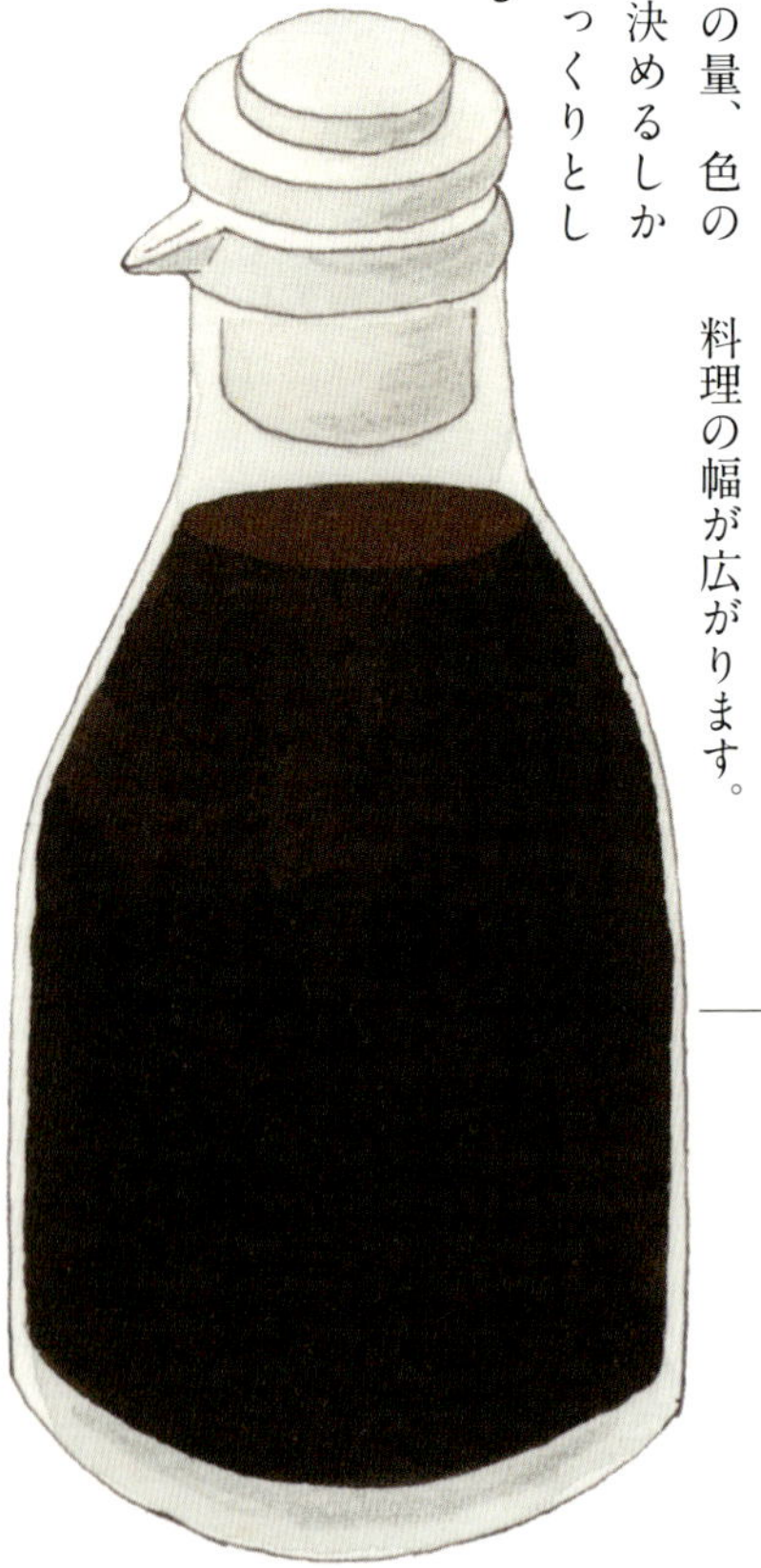

濃口と薄口しょうゆの特徴

□ うまみ・コク
濃口 ＞ 薄口

□ 色
濃口 ＞ 薄口

□ 香り
濃口 ＞ 薄口

□ 塩分濃度
濃口 ＜ 薄口

濃口と薄口しょうゆの特徴は上記の通りです。これらを念頭に、目的に応じて使い分けましょう。

香りのよさはあと入れで生かす

しょうゆは香りのよさが特徴のひとつです（→p.221）。だから、それを生かしたい料理のときは数回に分けて加えたり、最後に加えたりします。たとえば、肉じゃがなら、はじめに水、酒、砂糖、しょうゆで煮ていき、味をむらなくつけます。しかし、煮込んでいるうちにしょうゆの風味が飛んでしまうので、仕上げにもう一度加え、香りをつけるという具合です。お吸い物なら、最後の仕上げに加えて、香りを生かします。なお、最初から入れると、料理によっては色が黒くなってしまうことがあり、そうした場合も、しょうゆは最後に加えます。

しょうゆは塩とは違って、うまみを食べるものです。

こがした香りもしょうゆの魅力

しょうゆのこげた香りが食欲をそそるチャーハン。ぼくのやり方は、炒めたごはんを端に寄せてしょうゆを加え、水分が完全に飛んで粉をふいたようになるまで加熱し、それからごはんとからめます。こうすると、ごはんがべちゃっとせず、香りだけがつきます。

みそ

DATA : p.222

どれかひとつなら信州みその粒みそがいい

みそは非常に種類が多く、どれを買えばいいか迷ってしまうことでしょう。使い勝手のよさでいうならば、信州みそです。風味やうまみがあり、塩分もちょうどよく、おいしさでは一番だとぼくは思います。なお、みそには大豆の粒々が残った「粒みそ」と、すりつぶしてこした「こしみそ」がありますが、おすすめは、粒みそ。大豆の味、香り、コクがしっかり残っていて、本当においしいなと感じます。

粒みそはそのままか、こして使う

粒みそは、そのまま使ってももちろんいいのですが、口当たりをなめらかにしたいときは、使うときにこしてください。ぼくの場合は、みそ汁と煮物はこしています。

空気穴のあるものは菌が生きている証拠

みそは発酵食品ですから生きていて、容器に詰めたあとも発酵が続きます。ですから、みそが息をできるように、容器に空気穴を開ける必要があります。そうでないと、容器がパンパンにふくれることがあるからです。こうした空気穴があるみそは、ちゃんと「生きている」いいみそです。実は、空気穴がないものもあり、それは酒精《しゅせい》という添加物を加えたり加熱殺菌をしたりして、発酵を抑えたり止めたりしているのです。こうしたみそは本来のみそとは似て非なるもの。生きているみそをぜひ選んでください。

買うときは
パッケージをよく見る

空気穴の位置は、袋の上部や側面、容器のふたの内側など、商品によってまちまちです。穴が誤解を生まないように、注意喚起をしているものもあります。よく見て確認しましょう。

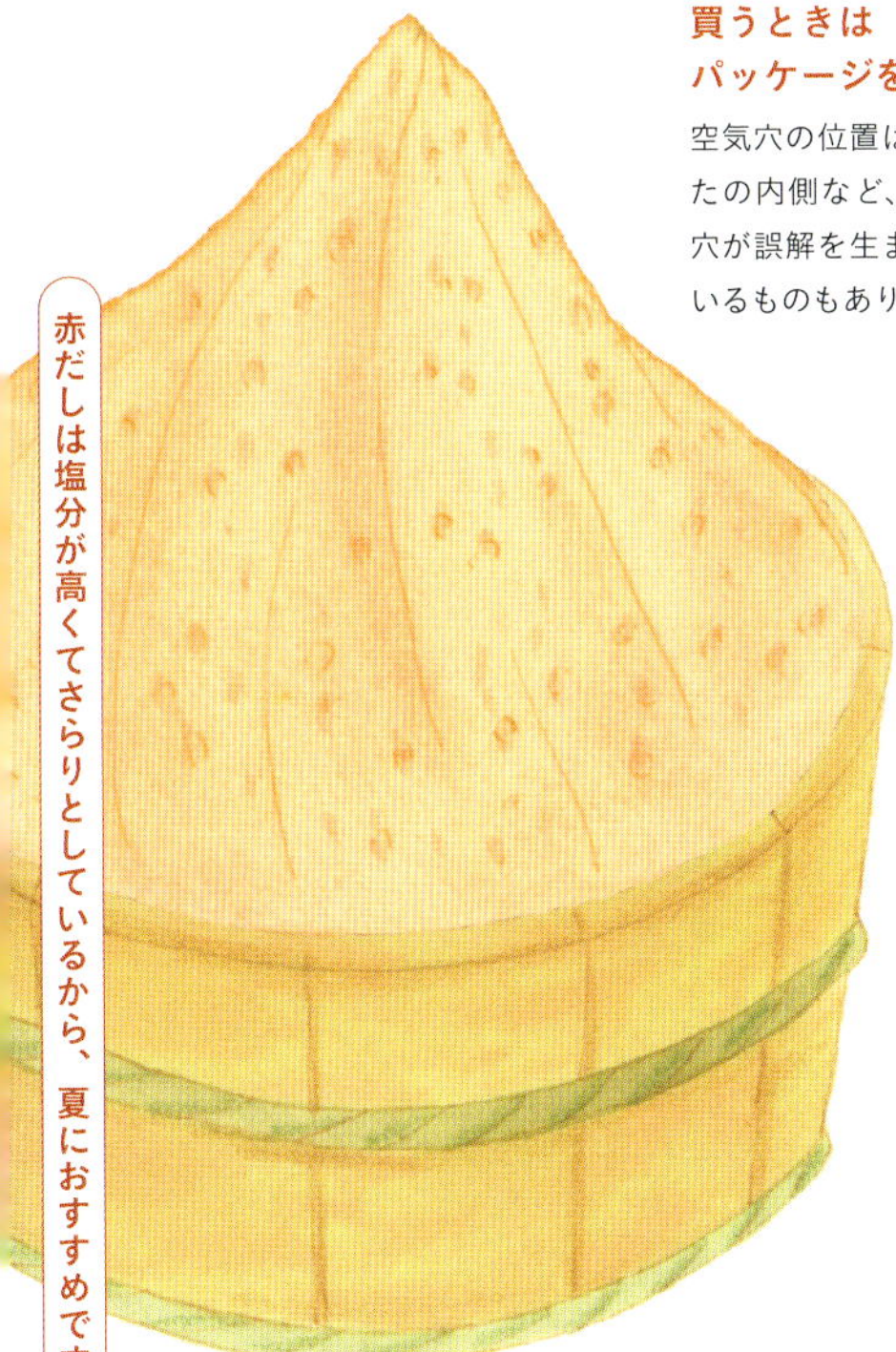

赤だしは塩分が高くてさらりとしているから、夏におすすめです。

かつお節

DATA：p.223

だしをとるときは、ぐらぐら湯ではだめ！

おいしいだしをとるときに最適な温度は約80℃です。沸騰した100℃の湯ではうまみだけでなく、えぐみや苦み、臭みまでも出てしまいます。そうかといって低すぎてもうまみが十分に引き出されず、間の抜けた味になってしまいます。削り節からうまみだけを引き出すことができる温度、それが80℃なのです。80℃とは、削り節を入れたときに鍋底には沈まず、中央でゆらゆら漂うくらいです。鍋底に沈むのは低すぎ。水面で踊るようにゆれるのは高すぎです。水を加えて温度を下げましょう。

かつおと昆布のだしのとり方

❶ 鍋に水1ℓと昆布5gを入れて中火にかける。

❷ 鍋底に小さな泡が出てきたら（約80℃）、削り節10〜15gを加えて火を止める。1分おいて、こす。これが一番だし。

❸ 一番だしで使った削り節と昆布に熱湯500mℓ（一番だしの半量）を加え、5分おいて、こす。これが二番だし。

昆布を入れるか否かは好みで決めればいい

削り節だけでだしをとる人もいますが、ぼくは昆布も使います。それは、昆布を入れたほうがうまみのバランスがととのうからです。もし、削り節だけでとりたければ、上記のとり方で、削り節の量を少し増やすといいでしょう（水の重量の2％）。

昆布

DATA：p.223

昆布だしのとり方

❶ 水１ℓに昆布20gを入れて弱火にかけ、5～10分かけてゆっくり温度を上げる。
❷ 鍋肌に気泡がぷつぷつとついてきたら（60～70℃）、昆布を取り出す。これが一番だし。
❸ 取り出した昆布を鍋に入れ、水500mℓを加え、ぐつぐつと5分ほど煮出す。これが二番だし。

一般的な目利きがいい昆布とは限らない

黒くて平らで肉厚なものが良品といわれますが、実は一概にそうともいいきれません。また天然ものがベストですが、量が少なく、市場にはほぼ出回りません。そうなると、一番わかりやすい選び方は値段。昆布は値段に比例して品質もいいようにぼくは感じていて、迷ったら高価なほうがいいでしょう。高いといってもだしが出やすいから使う量が少なくてすみ、結果的にはそう高くはありません。「だし昆布」と書いてあることもひとつの基準です。なかには、煮るのには向いているけれど、だしの出ない昆布もありますから。

おぼろ昆布ととろろ昆布は別もの。

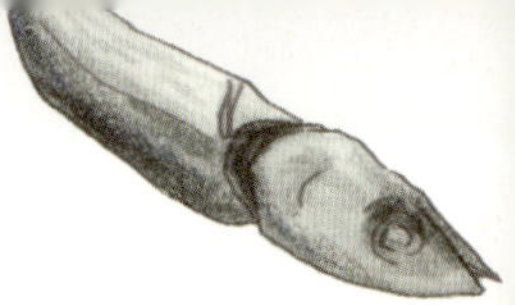

煮干し

DATA：p.223

謙虚なものがよく、偉そうなのはだめ

煮干しは、頭が反り返っているものよりも、頭《こうべ》をたれているものや、腰が曲がってへの字の形をしたようなものを選びましょう。曲がるのは鮮度のいいぴちぴちのうちにゆでられた証拠。ですから、への字よりも、つの字のほうがもっといいですね。

煮干しのだしは水だしがおいしいです。頭やはらわたを取ると上品な味になりますが、家庭ならつけたままでかまいません。ただ、背骨に沿って半分に開くとだしが出やすいので、これはしたほうがいいです。

煮干しだしのとり方

❶ 水1ℓに煮干し25gを入れ、3時間以上つけ、こす。これが一番だし。
❷ 一番だしで使った煮干しを鍋に入れ、1ℓの水と昆布10gを加えて火にかけ、沸騰したらこす。これが二番だし。

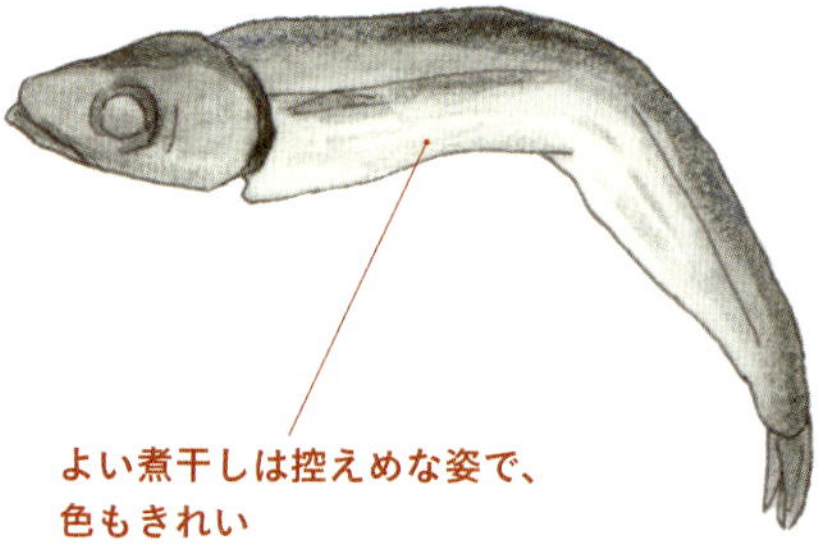

よい煮干しは控えめな姿で、色もきれい

頭が下を向いているようなものが良質です。傷や割れがなく色がきれいで、嫌な魚臭さがないものを選びましょう。頭が上を向いていて、腹がはじけていたり尾が取れていたりするようなものは、よくありません。黄色みを帯びているものは油焼けを起こしているので、生臭さを感じます。

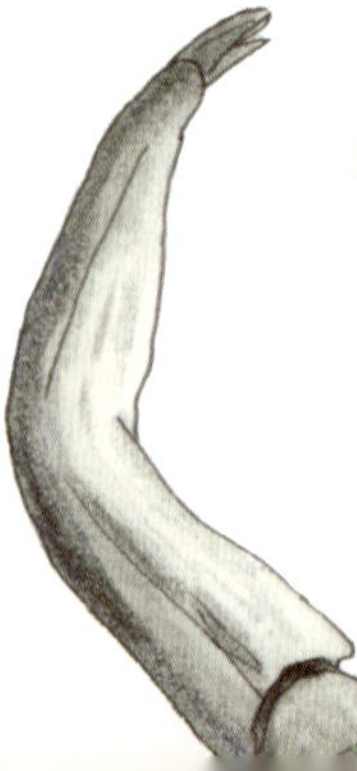

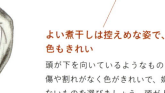

だしの三段活用法

だしには一番だしと二番だしがあり、
その使い分けは一般的に次のようにいわれています。

一番だし	二番だし
お吸い物や上品な煮物など、だしが主役の料理に。	みそ汁や煮物など、だしの味だけでなく、ほかの素材や調味料のうまみもある料理に。

しかし、これは場合によりけりで、常ではありません。
上記のルールを念頭におきながら、一番、二番という言葉にとらわれず、
味をみて、ふさわしい使い方をすればいいのではないでしょうか。

だしをとり終わったあとの素材も捨てずにしっかり使いきります。
だし素材を 3 回使えるから、**だしの「三段活用」**とぼくは呼んでいます。

三番目の使い方は、

削り節	そのまま（または適当な大きさに切って）、ポン酢しょうゆにつける。	→ 使い道例
昆布	せん切りにしてポン酢しょうゆにつける。	→ 使い道例
煮干し	玉ねぎと合わせて天ぷらにする。 ねぎやしいたけと油で炒め、しょうゆやみそで調味する。	

使い道例

- □ 青菜とあえる
- □ 冷や奴にのせる
- □ ごはんにのせる
- □ チャーハンの味つけに使う

だしの使い分け

だしは、濃ければいいわけでなく、濃すぎると素材の味とケンカしますし、うまみ過剰でくどく感じることもあります。

うまみはバランスが大事です。

これをぼくは「味の品格」といっています。

味の品格を保つためには、次のように考えていきます。

1：だしのうまみの強弱と特徴を知る

うまみの強さ

煮干しだし ＞ かつおと昆布のだし ＞ 昆布だし

うまみの特徴

かつおと昆布のだし：デリケートで上品

昆布だし：穏やかでさっぱりとしたうまみ

煮干しだし：濃くて力強いうまみ
（ただし、水だしなら上品ですっきりとしたうまみ）

2：使う素材のうまみの強弱を見て、最適なだし汁を選ぶ

- □ 素材のうまみが強いとき（動物性の素材を煮るときや、調味料のうまみが強いとき）→ **昆布だし**
- □ 素材のうまみが弱いとき（野菜を煮るときなど）→ **煮干しだし**
- □ 素材のうまみの強弱にかかわらず万能 → **かつおと昆布のだし**

たとえば肉ならうまみが強いので、合わせるのは昆布だしです。肉は動物性のうまみだから、植物性のうまみの昆布と合うというのも理由のひとつです。また、ふろふき大根なら、うまみの強いみそをつけるので、昆布だしで煮ます。

野菜ならうまみが弱いので、煮干しの濃いだしが必要です。一方で、水だしの一番だし（→ p.204）は、濃くて力強いうまみというより、上品なうまみです。だから、お吸い物に向きます。

食材
DATA

p.10 ～ p.204 で紹介した食材の
基本情報を記載しています。
食材は、野菜、肉、卵、魚介、
米、調味料、だし素材に分け、
その中で五十音順に並べています。

野菜

【アスパラガス】（→p.10）

ユリ科。旬は5～6月。◎選ぶ際は、穂先と茎、根元を見る。まず、穂先はふっくらとしていて、締まっているもの。茎にはハリがあって、はかまが正三角形をしているもの。根元の切り口が円形で、乾いていないものがよい。◎新鮮であるほどやわらかく、鮮度が落ちると茎の水分が抜けてしわしわになり筋っぽくなるので、なるべく早く使いきる。◎アミノ酸の一種であるアスパラギン酸が含まれていて、疲労回復を助ける効果をもたらす。

【オクラ】（→p.40）

アオイ科。旬は7～9月。◎鮮やかな濃い緑色で、切り口や先端が黒く変色していないものがよい。ガクにひだがついていて、表面がうぶ毛で覆われているのは新鮮な証拠。星形の角がはっきりしているものは育ちすぎのサインなので、そういったものや、大きすぎるものは避ける。育ちすぎたものは種が大きく口当たりがよくないため。◎特徴的なネバネバの正体はペクチンとムチン。ペクチンは血圧の上昇を抑える働きがあり、ムチンは胃の粘膜を保護する働きや整腸作用がある。

【かぶ】（→p.68）

アブラナ科。旬は3～5月、10～12月。◎実は白くてくすみがなく、ハリとツヤがあり、肌がきめ細かいもの。形は縦長よりも横に広がっているもののほうがよい。葉は緑色が鮮やかで、シャキッとしていてみずみずしいものを選ぶ。◎葉つきの場合は、葉を切り分け、別々に保存する。◎調理の際は、茎を少し残すと雰囲気のある仕上がりになる。その際は、茎のつけ根に入り込んだ土を竹串やフォークなどでかき出しながら流水の下で洗う。◎かぶは実と葉で栄養成分が大きく違い、実のほうはビタミンCやカリウムが比較的多く含まれる。葉のほうはβ-カロテンをはじめ、各種ビタミン、ミネラルなど多くの栄養素を含むので、彩りに使ったり刻んで塩もみしたりして捨てずに使いたい。

【かぼちゃ】（→p.44）

ウリ科。旬は5～9月。◎丸ごと買うときは、ヘタが枯れて乾燥してくぼんでいるものを選ぶ。丸ごとでもカットされたものでも、皮はツヤがあり、爪が立たないくらいかたいものがよい。◎丸ごとならば保存性が高く、涼しくて風通しのよいところで1～2か月保存できる。その間に追熟され、甘みが増す。カットされたものは、種とわたから傷みはじめるので、スプーンで取り除いてからラップで包んで冷蔵庫に入れる。◎栄養価の非常に高い緑黄色野菜で、多くの栄養素を含んでいるが、なかでも抗酸化作用や免疫力を高める作用のあるβ-カロテンが豊富。

【きのこ】（→p.100）

栄養面では、総じて、さまざまな栄養素の代謝に関わっているビタミンB_1やB_2、食物繊維が豊富。おもなきのこの特徴は次の通り。

・えのきたけ

キシメジ科。◎全体的に白くてハリがあり、笠が開ききらないものを選ぶ。◎多く流通しているえのきたけは、暗い室内で栽培されるため白く細長いが、天然ものは姿形がまったく異なり、軸が短く黄褐色。

・エリンギ

ヒラタケ科。◎弾力とハリがあり、軸が太くて白いものがよい。◎日本に導入されたのは1993年（平成5年）という比較的新しいきのこ。あっという間に食卓に浸透し、生産量はきのこ類の中でトップ5に入る。

・しいたけ

キシメジ科。本来の旬は春（3〜5月）と秋（9〜11月）。しかし、現在市販されているしいたけの多くが菌床《きんしょう》栽培（おがくずに米ぬかなどを混ぜて固めたところに菌を植えて室内で育てる方法）で、一年中出回る。◎全体的に乾いていて肉厚で、笠が内側に丸まっているもの、軸が太くて短いものを選ぶ。笠の裏のひだが白いものがよく、変色や傷があるものは避ける。◎保存は、ひだを上にして冷蔵庫へ入れるとよい。ひだを下にすると黒ずんでしまうため。

・しめじ

キシメジ科。◎笠が開きすぎず、ハリがあるものがよい。◎一般的に出回っている栽培ものは、ぶなしめじ。昔から「香りまつたけ、味しめじ」といわれるが、それは天然ものの本しめじを指し、ぶなしめじとは別種。ちなみに、これまで本しめじは人工栽培が難しいと考えられていたが、近年人工栽培に成功し、やや高価ではあるものの少しずつ出回るようになっている。

・ひらたけ

ヒラタケ科。◎笠にハリがあり肉厚なものがよい。◎『今昔物語』にも登場するほど古くから親しまれてきたきのこだが、しめじの台頭により影を潜めてしまった。しかし、近年また店頭で見かけるようになっている。若いものはしめじと似ているため、しめじの名で売られていたこともあるが、しめじとは別もの。

・まいたけ

サルノコシカケ科。◎笠の色が濃く、肉厚のものがよい。パリッと折れそうなほどハリがあるものが新鮮。◎流通しているまいたけはほぼ可食部で、白い軸の部分も食べられる。石づきはない場合も多いが、あれば切り落とし、手で食べやすい大きさに裂いて使う。

【キャベツ】（→p.12）

アブラナ科。旬は春キャベツが3〜5月、冬キャベツが11〜3月。◎丸ごとの場合は、ひっくり返して見たときに、太い葉脈（いわゆる、キャベツの葉の芯といわれるところ）が均等に配していて、きれいな五角形になっているものがしっかり育った証拠。半分に切ったものならば、太い葉脈が芯を中心として左右同じように分かれていることで確認できる。芯の長さは4〜5㎝のものを選ぶとよい。◎アブラナ科の野菜なので、ゆでるときは80℃くらいの湯を用いると、キャベツのおいしさを引き出すことができる。◎胃酸の分泌を抑えたり、胃腸の粘膜を修復したりする働きのあるビタミンU（キャベジン）が含まれている。

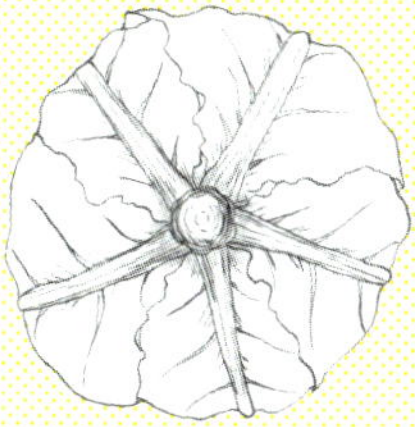

裏返したときに、太い葉脈がきれいな五角形を描くものがよい。

【きゅうり】（→p.47）

ウリ科。旬は5〜8月。◎時間がたつと水分が抜けて皮にしわが寄ってくるので、みずみずしくハリのあるものを選ぶ。◎炒めてもおいしいが、持ち味の食感のよさを損なわないよう、短時間で仕上げるのがポイント。◎大部分が水分で、栄養価はそれほど高くないが、ポリッという歯ごたえのよさとフレッシュ感は、ほかの野菜にはない魅力。

【ゴーヤー】（→p.50）
ウリ科。旬は6～9月。◎緑色が鮮やかなもの、いぼがはっきりしていて黒くなったりつぶれたりしていないものがよい。◎調理の際は縦半分に切ってスプーンでわたと種を取り除くのが一般的だが、輪切りにしてわたも種もつけたまま天ぷらなどにする場合もある。◎ビタミンCが非常に豊富。½本（100g）にはレモン4個分にも相当するビタミンCが含まれている。さらに、ゴーヤーのビタミンCは熱に強く、加熱しても壊れにくい。

【ごぼう】（→p.70）
キク科。旬は10～12月。新ごぼうの旬は6～7月。◎縦に走っている繊維をどう切るかで食感を変えることができる。歯ごたえを楽しみたいときは繊維に沿って、やわらかく食べたいときは繊維を断ち切る小口切りや斜め切りにするとよい。◎食物繊維の含有量は野菜の中でも上位で、便秘の改善効果がある。また、ごぼうには多糖類のイヌリンという成分も含まれ、血糖値の上昇を抑える働きがあるとして期待されている。

【小松菜】（→p.16）
アブラナ科。旬は12～2月。◎葉の緑色が濃くて鮮やかで、葉が肉厚でみずみずしく、ハリのあるものが新鮮。茎が太くてひと株が大きめのものがおいしい。◎栄養価の高い野菜で、抗酸化作用のあるβ-カロテンやビタミンC、カルシウムなどを豊富に含む。とくに、カルシウムの含有量は野菜の中でも上位で、ほうれん草の3倍強。

【さつまいも】（→p.86）
ヒルガオ科。旬は9～11月。◎皮の色が鮮やかで、ハリがあるものを選ぶ。表面のでこぼこやひげ根が少ないものがよい。◎皮の近くがおいしいので、普段のおかずに使う場合なら、皮はむかなくてよい。たわしで表面をこすり洗いするくらいで十分。◎冷蔵庫に入れると腐りやすくなるので、新聞紙で包んで冷暗所で保存する。切ったものはラップで包んで野菜室へ入れ、早めに使う。◎主成分は炭水化物。ビタミンCや食物繊維も多く含まれている。

【さといも】（→p.88）
サトイモ科。旬は9～11月。◎ぬめり成分があると調味料がしみにくく、煮汁も濁るため、塩でもんだりゆでこぼしたりしてぬめりを取るのが一般的。しかし、けんちん汁など、下ゆでせずに加えてぬめりをとろみづけに利用する場合もある。また、ぬめり成分のガラクタンやムチンには、さまざまな健康効果があるといわれているので、見た目を重視しないときは下ゆでせずにそのまま使うのもよい。◎いも類の中でもっともエネルギーが低く、カリウムが一番多い。カリウムには、ナトリウムを体外に排泄させる働きがある。

【さや豆】（→p.51）
マメ科。旬はそれぞれ違うが、だいたい春～晩夏（3～9月）。◎さや豆には、さやを食べるもの（きぬさや、さやいんげんなど)、さやと豆を食べるもの(スナップえんどうなど)、豆だけを食べるもの(グリーンピース、枝豆、そら豆など)があり、すべてマメ科の野菜。◎栄養の傾向として、さやごと食べるものは緑黄色野菜に分類されるので、β-カロテンやビタミンCが多く、豆だけを食べるものはビタミンやミネラルに加えて、たんぱく質や炭水化物が多くなる。

・枝豆

豆が均等に詰まっていて、ぱんぱんにふくらんでいるものがよい。さやの色は品種や収穫時期による。若採りのものは甘みがあり、さやが黄色くなる手前のものは豆の粒が大きくて、それもまたおいしい。

・きぬさや

全体にハリがあり、ヘタも先端もともにピンとしているものが新鮮。表面に豆のでこぼこが見えないものがよい。

・グリーンピース

さやにハリがあって、丸々と太っているものがよい。

・さやいんげん

同じ太さですっとしているもの、とがった先端がゆるやかにカーブしているものがよい。また、豆のふくらみが表面に見えないもののほうがおいしい。

・スナップえんどう

ふっくらとしていて、全体にハリがあるものを選ぶ。

・そら豆

さやはすぐに黒ずむので、光沢があり、ハリのあるものがよい。表面のうぶ毛は鮮度の証なので、覆われているものを選ぶ。◎そら豆には「空豆」と「蚕豆」のふたつの漢字があてられ、前者は天を仰ぐように実るためで、後者はさやの形が蚕の繭に似ていることからの名。

【じゃがいも】(→p.91)

ナス科。一年中出回っている。新じゃがの旬は5~6月。◎じゃがいもにかつおだしはあまり合わず、鶏だしのようなスープのほうがしっくりくる。肉じゃがなら肉が入るのだからそのうまみを利用し、だしではなく水を使うのがよい。趣向の変わった使い方として、ゆでたじゃがいもをフードプロセッサーにかけるとかたまりとなり、じゃがいももちができる。◎主成分は炭水化物で、ほかにビタミンCも豊富。じゃがいものビタミンCは、でんぷんに包まれて守られているため、加熱しても壊れにくいという特徴がある。

【しょうが】(→p.106)

ショウガ科。◎一年中出回っている皮の茶色いしょうがは、新しょうがを2か月以上寝かせたもので、ひねしょうがともいう。ちなみに、新しょうがは初夏のころに多く出回り、店頭でよく目にするが、露地ものの旬は秋。10月下旬~11月上旬ころに収穫する。◎全体がふっくらとしていてかたく締まっているもの、表面の筋がはっきりしていて等間隔のものがよい。皮が干からびてしわがあるもの、やわらかいものは鮮度が落ちている。◎煮魚にしょうがを入れるときは、風味を残すために直前に入れるとよい。はじめから入れると、苦みが出すぎることがある。◎しょうがの辛み成分はジンゲロンとショウガオール。体を温める効果や抗菌作用、抗酸化作用などがある。

【セロリ】(→p.22)

セリ科。年間を通して出回るが、おいしいのは7月~10月(夏秋セロリ)、12~4月(冬春セロリ)。◎香りが強く、くせがあるが、それをうまく利用するとおいしく食べられる。たとえば、ひじきの煮物の具としてベーコンとともに入れたり、肉じゃがの仕上げに入れたりすると心地よい歯ざわりと清涼感のある香りで、新たなおいしさと出合える。また、刺し身のケンにもおすすめで、とくにかつおやあじなどくせのある魚とよく合う。◎ナトリウムを排泄して血圧降下に関与するカリウムや、食物繊維が含まれている。葉には抗酸化作用のあるβ-カロテンが豊富なので、捨てずに利用する。

【大根】（→p.74）

アブラナ科。旬は7～9月（夏大根）、10～3月（秋冬大根）。◎表面がなめらかで、ハリがあり、重いものを選ぶ。ひげ根の穴が一直線に等間隔に並んでいると、おいしいとされている。葉つきなら、葉の色が鮮やかでピンとしているものがよい。カットされたものは切り口がみずみずしいものが新鮮。◎葉つきの場合は、葉をつけたままだと水分が抜けていくので、切り分けて別々に保存する。◎消化酵素のジアスターゼが豊富。ところで、焼き魚に大根おろしを添えるのは消化を助けるためといわれるが、ジアスターゼはでんぷんを分解させる酵素なのでこれは間違い。しかし、みずみずしく口をさっぱりさせる意味での相性はよい。葉は、緑黄色野菜で、β-カロテン、ビタミンCなどが多い。

【玉ねぎ】（→p.79）

ユリ科。貯蔵されて一年中出回る。新玉ねぎの旬は4～5月。◎ほかの食材を引き立てる役割の強い野菜で、とくに西洋料理では欠かせない存在。和食でも肉じゃがなどの煮物で甘みを利用したり、生のままサラダなどに使って辛みや香りを楽しんだりする。◎玉ねぎ特有の香り成分は硫化アリル（アリシン）で、この成分が玉ねぎを切ると涙が出る原因だが、新陳代謝をよくしたり、血液をサラサラにしたりするよい面もある。この作用を期待するのなら生のままで、水にさらさないで食べると効果的。

【トマト】（→p.56）

ナス科。ハウス栽培が盛んで、一年中出回るが、露地栽培の旬は6～9月。◎甘み、酸味に加え、うまみが豊富な野菜。うまみ成分のグルタミン酸はトマトが熟すほど増え、完熟でもっとも多くなる。◎最近は従来の大玉トマトだけでなく、味や大きさ、形、色の異なる多種多様なトマトが出回っている。たとえば、非常に糖度の高いフルーツトマトや、中玉で扱いやすいため生産量が増加しているミディトマトなど。また、ミニトマトにも種類が増え、黄・緑・オレンジ・紫色など、カラーバリエーションもさまざま。◎栄養豊富な緑黄色野菜。とくに注目の栄養成分は、トマトの赤い色のリコペン。抗酸化作用があり、さまざまな健康効果が期待されている。

【なす】（→p.60）

ナス科。旬は6～9月。◎さまざまな品種があるが、もっとも流通しているのは長卵形なすと呼ばれる千両なす。◎皮の色が濃く、ツヤとハリがあり、ヘタの切り口がみずみずしいものを選ぶ。ガクは全体に均一についているものが、果肉がやわらかくおいしい。一部分だけガクが長いといったように偏ってついているものは、果肉のかたさにムラがある場合がある。ヘタと実の間に5㎜ほどの白い部分があるものが、ちょうど食べごろといわれる。◎美しい皮の色素は水溶性で、煮ると色があせる。油で揚げると、それをある程度防ぐことができる。◎なすの皮にはポリフェノールの一種であるナスニンが含まれていて、抗酸化作用がある。

ヘタと実の間に白いすき間が少しあるものがよい。

【にんじん】（→p.82）

セリ科。旬は11～12月。春にんじんは4～5月。◎湿気が苦手で、水気があると傷みやすいので、乾いた状態で保存する。冬なら冷暗所で、夏は冷蔵庫に入れると安心。◎皮の近くがおいしいので、皮はむかないで使うほうがよい。◎緑黄色野菜で、抗酸化作用のあるβ-カロテンが豊富。その量は緑黄色野菜の中でもとくに多い。β-カロテンは皮の近くにもっとも多く含まれるので、栄養面でも皮ごと食べるほうがおすすめ。

【にんにく】（→p.105）

ユリ科。一年中流通しているが、新ものの旬は5～9月。◎通年出回っているものは、保存性を高めるために、収穫後、乾燥させてから出荷されている。しっかり乾燥しているものが良品だが、軽いものは乾燥しすぎて中身がしおれていることがあるので気をつける。◎にんにくの芽にはアクやえぐみがあり、炒めるとこげやすいため、取り除く。ところで、すりおろしたにんにくは時間がたつと青緑色に変色することがあり、食べ物とは思えない色に驚くが、これはにんにくの鉄分が変色しただけで、体に害はない。◎疲労回復効果のあるアリシンを多く含む。

【ねぎ】（→p.24）

ユリ科。旬は11～2月。◎白い部分が多い長ねぎ（根深ねぎ）と、緑の部分が多い青ねぎ（葉ねぎ）があり、前者は関東、後者は関西での消費が多い。◎長ねぎを選ぶ際は、ぎゅっと締まっているものがよい。逆にふかふかとしてハリのないものは避ける。葉が肉厚で太く、緑色が濃いものがよい。泥つきが手に入るならば、そのほうが長く保存でき、香りも強い。保存は新聞紙で包んで立てて置く。◎白い部分にはビタミンCや、ねぎの香りのもとである硫化アリル（アリシン）が多い。硫化アリルには血行をよくする働きがある。一方、緑の部分は栄養価の高い緑黄色野菜に分類され、β-カロテンが豊富。捨てずに利用したい。

【白菜】（→p.27）

アブラナ科。旬は11～2月。◎淡白な野菜だが、干すなり焼くなりして水分を適度に飛ばすと味が凝縮し、おいしさが増す。アクが少なくくせがないので、調理法や味つけを選ばず使い勝手がよく、生のままコールスローにするのもおいしい。葉と軸では火の通り具合が違うので、加熱料理に使う場合は切り分けて時間差で火を入れる。◎ナトリウムを排出する働きがあるカリウムが含まれる。カリウムは水に溶ける性質があるので、余さず摂取するには汁ごと食べられる料理にするとよい。

【ピーマン】（→p.63）

ナス科。旬は6～9月。◎とうがらしの一種で、辛みがないように改良されたもの。緑色が濃く鮮やかで、ツヤがあり、ハリがあるもの、ヘタの切り口がみずみずしいものを選ぶ。形は、なで肩ではなく、ぼっこりと盛り上がっているものがよい。◎緑のピーマンが完熟すると赤くなり、甘みが増し、香りも穏やかになる。◎ビタミンC、β-カロテンが豊富だが、緑より赤いもののほうがどちらも多く含む。

【ブロッコリー】（→p.32）

アブラナ科。旬は11～3月。◎日本に導入されたのは明治初期だったが普及せず、消費量が伸びたのは1980年代になってからという、比較的新しい西洋野菜。◎和風の味つけにも合うので、たとえば煮魚や照り焼きの添え物にしたり、煮物の彩りにしたり、あえ物にしたり、美しい緑を生かして使いたい。◎ビタミン、ミネラル、食物繊維など体の機能を整える栄養素を豊富に含み、健康的な野菜として人気。なかでもビタミンCが豊富で、100g中の含有量はレモン果汁の2倍以上。

【ほうれん草】（→p.16）

アカザ科。旬は12～1月。◎葉が厚く、色が鮮やかで、ピンとしているものがよい。茎はハリがあり、しっかりしているものを選ぶ。◎霜に当たると甘みが増すが、それは、凍らないように糖分を蓄えるため。◎さまざまなビタミン、ミネラルを豊富に含み、なかでも貧血予防に効果のある鉄が豊富。一年中手に入るが、冬と夏のものではビタミンC含有量に差があり、冬のもののほうが3倍も多く含まれる。

【水菜】（→p.36）

アブラナ科。旬は12～3月。◎原産地京都では、1株が2kg以上もある大株のものが多かったが、最近は使い勝手がいいように、小さいうちに早採りする小株のものが主流になっている。◎葉の色が鮮やかで、ピンと伸びているものが新鮮。茎が折れたりしなびたりしていない、みずみずしいものがよい。◎抗酸化作用のあるβ-カロテンや、ビタミンCが豊富な緑黄色野菜。ほかに、カルシウムや鉄も多く、カルシウムは小松菜よりも多く、鉄はほうれん草と同じくらい含まれている。

【もやし】（→p.98）

豆や穀類、野菜の種を、光が当たらない環境で発芽させたものの総称。一般的にもやしと呼ばれているのは緑豆もやし、ブラックマッペもやし、大豆もやしの3種類。国内では緑豆もやしが9割を占める。◎白くて全体的に同じ太さで、根の先端が黒くなっていないものがよい。◎ほとんどが水分だが、各種ビタミンやミネラル、食物繊維などを、量は多くないが含む。

【レタス】（→p.38）

キク科。旬は4～9月。◎葉がみずみずしくてハリがあり、ふんわりとゆるく巻いているものがよい。かたく巻いていて重すぎるものは、苦い場合があるので避ける。また、切り口が10円玉くらいの大きさで、白いものが新鮮。半分に切ったものは、芯の長さとすき間を見るとよい。芯の長さは4～5cmで、すき間が適度にあるものがおいしい。◎乾燥に弱いので、切り口にぬらしたペーパータオルをあて、はがした外葉で包んでポリ袋に入れ、冷蔵庫で保存する。◎ほとんどが水分で、栄養価はあまり高くはないが、みずみずしさとシャキシャキ感が持ち味。歯ざわりのよさは、加熱しても損なわれないので、加熱料理に使うのもよい。

【れんこん】(→p.84)
スイレン科。旬は11〜3月。◎れんこんはハスの肥大した地下茎で、節と節の間からにょろりと出ているのがれんこんの根。沼の中で育ち、特徴的な穴は外気を取り込んで根に酸素を送る通気孔の役割。◎皮に色むらがなく、ゆがみが少なくまっすぐなもの、形がふっくらとしていて持つとずっしり重みのあるものがよい。◎穴に汚れが詰まっているときは、箸に布を巻きつけて穴に入れ、こすり取るとよい。◎炭水化物とビタミンCを多く含む。ビタミンCは通常熱に弱いが、れんこんのビタミンCはでんぷんに守られているため熱に強く、加熱しても失われにくい。

肉

【牛肉】(→p.120)
日本で食用される牛肉は、国産牛、和牛、輸入牛に大別できる。国産牛とは、品種に関係なく、日本での肥育期間が全肥育期間の半分を超える牛を指す。なので、外国から生きたまま輸入された牛でも、国内での肥育期間が外国におけるそれよりも長ければ国産牛といえる。和牛は、認定された4種(黒毛和種、褐毛《あかげ》和種、日本短角種、無角和種)の牛と、その4種間の交雑種のこと。輸入牛は、外国で飼育された牛を肉の状態に加工してから輸入したもの。

【鶏肉】(→p.126)
日本で流通している鶏肉はブロイラー、地鶏、銘柄鶏の3種。ブロイラーは短期間で出荷できるよう改良された肉用若鶏で、流通している鶏肉の9割を占める。地鶏は国内在来種の血が半分以上入っていて、生まれたときの情報が明確で、75日以上の飼育期間と、1㎡あたり10羽以下の自由に動ける環境で育てられた食用鶏。銘柄鶏は、ひなを育てるときに、飼料、飼育方法や環境などにさまざまな工夫を凝らして、ブロイラーと差別化したもの。

【ひき肉】(→p.133)
◎牛・豚・鶏ひき肉と、牛肉と豚肉を合わせた合いびき肉が一般的。◎なお、以前は合いびき肉という表示がされていたが、肉の種類や混合割合がわかりにくいとの理由から、現在は「牛、豚ひき肉」のように、割合の多い順に肉の種類がわかるように表示されている。◎空気に触れる面積が大きいため、傷みやすい。なるべく早く使いきる。

【豚肉】(→p.110)
日本で出回っている豚肉のほとんどは、純粋品種(ランドレース、大ヨークシャーなど)をかけ合わせた交雑種。かけ合わせることでそれぞれの品種の長所を生かし、おいしい肉質にしたり、生産性を上げたりしている。豚肉のパック表示などで目にする三元豚とは、3つの品種をかけ合わせた豚のこと。かけ合わせずに純粋種だけの豚肉もあり、黒豚(品種名はバークシャー)がそれにあたる。

卵

【卵】（→p.137）

卵のサイズ表示は、重さによってSSからLLまでの6段階に分けられているが、卵黄の大きさはほぼ同じ。したがって、重くなるほど卵白の量が増える。卵白がたくさん必要な料理のときは、大きいサイズのほうが向いている。◎殻の色の違いは、鶏の種類によるもので、栄養的に大差はない。白玉は羽毛の色が白い鶏が、赤玉は羽毛の色が褐色の鶏が産むと一般的にいわれている。さらに、卵黄の色の濃い薄いも栄養的に大きな違いはない。飼料がとうもろこしならオレンジ色のような濃い黄色になり、米や麦なら白っぽい黄色になるというように飼料の違いによるもの。

魚介

【あさり】（→p.174）

マルスダレガイ科。旬は春と秋。◎殻が大きくて横幅があり、殻が閉じているものがよい。殻からもうまみが出るので、殻つきを使うのがおすすめ。◎料理の仕上がりが塩辛くならないように、塩水で砂抜きをしたら、使う前に2〜3分水につけて塩抜きをするとよい。

【あじ】（→p.144）

アジ科。旬は夏。◎一般的にマアジを指すが、マアジのなかにもクロアジとキアジがいる。クロアジは季節によって沖合を回遊する種で、細長くすっとした体型で脂が少なく淡白。一方、キアジは季節によって回遊せずに内湾に定着しており、丸みを帯びてふっくらした体型で脂ののりや味がよい。漁獲量はクロアジのほうが多く、キアジは漁獲量が少なく高価。

【いか】（→p.172）

流通しているのは、コウイカ科、ジンドウイカ科（＝ヤリイカ科）、アカイカ科（＝スルメイカ科）の3つ。◎表皮の茶色が濃く、全体にハリがあり、目が澄んでいて黒目がはっきりしているものが新鮮。鮮度が落ちてくると身がゆるんできて白っぽくなる。◎いかは魚ではなく貝類の仲間で、貝殻を持っている。コウイカの頭部分にあるかたい板のようなもの（甲）や、スルメイカにある背骨のようなもの（軟甲）は、骨ではなく、実は貝殻である。◎世界の海に450種ほどいるといわれ、食用にされるのは100種ほど。その中でなじみのあるものを以下に記す。

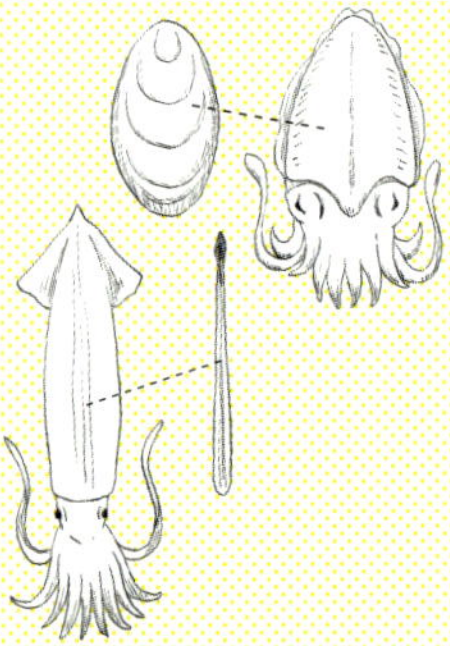

コウイカ（上）の甲と、スルメイカ（下）の軟甲。

・アオリイカ
ジンドウイカ科。旬は春〜夏。身が厚く、とろりとした甘みがある。

・ケンサキイカ
ジンドウイカ科。旬は夏。身が厚く、ねっとりして甘みがある。

・コウイカ
コウイカ科。旬は冬〜春。身が肉厚でやわらかい。

・スルメイカ
アカイカ科。旬は夏。漁獲量が一番多い。

身が薄く、歯ごたえがよい。

・モンゴウイカ

コウイカ科。旬は春～夏。身が厚く甘みがある。

・ヤリイカ

ジンドウイカ科。旬は冬～春。身は薄いが、やわらかくて甘い。

【いわし】（→p.148）

ニシン科（マイワシ、ウルメイワシ）とカタクチイワシ科（カタクチイワシ）。◎日本で漁獲されるいわしは既述の3種だが、多く出回るのはマイワシで、一般的にいわしといったらこれを指す。◎旬は初夏から秋（マイワシの場合）。◎ウルメイワシは丸干しやめざしなど干物にされることが多い。カタクチイワシはしらす干しやちりめんじゃこ、煮干しなど、多くの加工品に利用される。◎鮮度を保つために、洗うときは塩水を用いるとよい。

【えび】（→p.170）

種類が非常に多く、その数は世界で3000種ほど。日本の自給率は極めて低く、ほとんどが輸入もの。◎多くの種類があるえびのうち、日本で出回っているおもなものについて記す（体長の大きいものから順）。

・イセエビ

イセエビ科。体長35㎝ほど。伊勢湾で多く獲れたことが名前の由来。火を通すと全身が赤くなり、姿形が美しく豪華なことから、縁起ものとして珍重される高級えび。身はぷりぷりとしている。

・ブラックタイガー

クルマエビ科。体長25㎝ほどで、クルマエビ科の中では最大。生の状態では灰緑色《かいりょくしょく》をしているが、加熱すると鮮やかな赤に変わり、料理に華を添える色として重宝する。身はしっかりとした弾力がある。

・タイショウエビ

クルマエビ科。体長25㎝ほど。大正時代から市場に出回りはじめたことからの名。身質がやわらかく、甘みがある。

・クルマエビ

クルマエビ科。体長20㎝ほど。丸まった体のしま模様が車輪のように見えることからの名。大きさによって呼び名が変わり、10㎝以下のものは才巻えび、そこから順に中巻、巻となり、20㎝前後をクルマエビと呼ぶ。甘みがあり、ぷりぷりした食感。

・シバエビ

クルマエビ科。体長15㎝ほど。東京の芝浦で多く獲れたことが名の由来。身はやわらかな弾力がある。

・バナメイエビ

クルマエビ科。体長15㎝ほど。病気などへの耐性があり、成長が早いため、世界各地に養殖が広がり、生産量が増えている。身質はやわらかい。

・アマエビ

タラバエビ科。体長12㎝ほど。和名はホッコクアカエビで、アマエビは通称名。ねっとりとした口当たりで、甘みが強い。

・サクラエビ

サクラエビ科。体長4～5㎝。体が透明で、赤い色素によって桜色に見えることからの名。干しえびとしての流通が多く、干すと紅色になる。

【さけ】（→p.156）

サケ科。旬は秋。◎さけといったら一般にシロサケを指す。シロサケは漁獲時期や成熟度によって呼び名が異なり、初夏のものをトキシラズ、秋のものをアキアジ、成熟前の若いさけをケイジと呼ぶ。◎さけ＝シロサケが一般的だが、ベニザケ、ギンザケ、サクラマス、カラフトマス、マスノスケ、シロサケの6種の総称をいう場合もある。なお、さけとますの違いを、英語では、淡水で生活するものをトラウト（ます）、一時期海で生活するものをサーモン（さけ）と呼ぶ場合が多い。日本でもこのルールにのっとって分類されているものもあるが、昔から使い分けがあいまいで、厳密な区別はされていない。◎さけは白身魚で、身の色はカロテノイド色素の一種であるアスタキサンチンによるもの。えさとして食べた甲殻類に含まれるアスタキサンチンが蓄積され、身がピンク色になる。

【さば】（→p.150）

サバ科。旬は秋～冬。◎日本で漁獲されるのはマサバとゴマサバ。両者の判別法は、腹びれより下部のあたりを見たときに、ごまのような黒い点があるものがゴマサバ。◎味はマサバのほうが脂がのっていて、ゴマサバはさっぱりしている。◎マサバは寒い時期に脂がのっておいしくなるが、ゴマサバは一年を通じて味や脂ののりに変化が少ない。そのため、夏に味の落ちるマサバよりもその時期は味がよいとされ、漁獲量も多いことから夏が旬とされている。近年は、ノルウェーさばの名で流通しているタイセイヨウサバも多く輸入されている。◎選ぶ際は、黒っぽいものよりも青みを帯びているもののほうがよい。

【さわら】（→p.160）

サバ科。旬は春（関西）と冬（関東）。◎ほっそりとしている細長い形から「狭腹《さわら》」といわれ、これが語源とされている。魚へんに春と書くのは、かつて春になると瀬戸内の内湾に産卵のために集まってきて、よく獲れたため。◎地域によっておいしいとする時期が異なり、関東では春よりも冬に獲れる「寒さわら」のほうが脂がのっていてよしとする。◎ふわっとした身質が持ち味で、調理の際もこのよさを生かすようにする。たとえば、蒸し物やあっさりとした煮魚の淡煮など。また、鮮度のいいものならば刺し身も美味。

【さんま】（→p.145）

サンマ科。旬は秋。◎名の由来には諸説あるが、体が細長いことから「狭真《さま》魚《な》」と呼ばれたのが語源で、のちに秋においしい魚であることから「秋刀魚」の字があてられたといわれている。ちなみに、夏目漱石の『吾輩は猫である』（明治38～39年に発表）には「三馬」の字があてられている。◎脂ののり具合は、体のラインを見るとよい。肩のあたりがこんもりと盛り上がっていて、厚みのあるものは脂がのっていておいしい。◎半分に切って焼くときは、内臓を傷つけないように斜めに切るとよい。

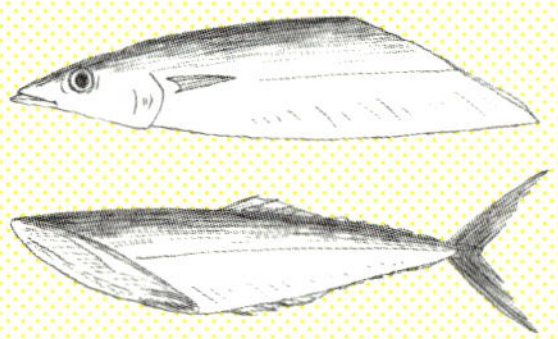

斜めに切ると、内臓が飛び出さずに焼ける。

【しじみ】（→p.174）

シジミ科。◎日本に生息しているのは、ヤマトシジミ、マシジミ、セタシジミの3種。そのうち、ヤマトシジミの漁獲量が99％以上を占める。◎旬は夏（ヤマトシジミの場合）。◎選ぶ際は、殻の色が濃い黒褐色でツヤがあり、重量感があるものがよい。カラカラと音がするようなものは避ける。殻を開けているときに触ると、勢いよく殻を閉じるものが新鮮。◎汁のおいしさに目がいきがちだが、身にも栄養が豊富に含まれているので、しじみ汁にしたときは汁だけでなく、身も食べるほうがよい。肝臓の機能を高めるタウリンが豊富で、二日酔いの回復によいといわれている。

【たい】（→p.162）

タイ科。◎日本で獲れるたいは6種類ほどあるが、一般的にたいといったらマダイを指す。◎桜の咲く季節の4月ごろが産卵前でもっとも味がよく、体色も美しく桜だいと呼ばれる（マダイの場合）。◎白身の魚で、脂肪分が少なく味は淡白だが、うまみ成分のイノシン酸を含んでいるためうまみが強い。◎天然ものはすっとスマートで、養殖ものはずんぐりと丸みを帯びている。色は天然ものがピンク色なのに対し、養殖ものは全体的に黒っぽい。養殖もののほうが脂がのっている。◎「たいは捨てるところなし」といわれ、骨からはいいだしがとれ、皮も湯通ししてポン酢あえにでき、一匹丸ごと使いつくせる。

【たら】（→p.159）

タラ科。旬は冬。◎日本近海には、マダラ、スケトウダラ、コマイが生息しているが、一般的にたらといえば、マダラを指す。◎寒さが深まるほどおいしくなる魚で、冬の鍋物の具が定番。淡白な味なので、油を補う料理、たとえばフライやムニエル、南蛮漬けなどにも合う。◎水分が多いので傷みやすく、塩だらや干しだら（薄い塩で漬けたあとに乾燥させたもの）、棒だら（素干ししたもの）などの加工品も多い。ちなみに、マダラのオスの精巣が白子で、スケトウダラのメスの卵巣がたらこである。

【ぶり】（→p.152）

アジ科。旬は冬で、この時期のものは「寒ぶり」と呼ばれ、脂がのっておいしい。◎成長とともに呼び名が変わる出世魚。地方によって呼び名は違い、東日本ならばワカシ→イナダ→ワラサ→ブリ。西日本ではツバス→ハマチ→メジロ→ブリ。また、大きさにかかわらず養殖ものはハマチと呼ぶ。現在は養殖もののほうが流通量が多い。◎刺し身なら、脂がのりすぎていないイナダやワラサくらいの大きさのものが、ちょうどよい。

【まぐろ】（→p.166）

サバ科。◎タイヘイヨウクロマグロ、タイセイヨウクロマグロ、ミナミマグロ（インドマグロ）、メバチ、キハダ、ビンナガ（ビンチョウ）、コシナガの全7種が知られている。一般にまぐろといえばクロマグロを指す。以下にそれぞれの特徴を記す。

・クロマグロ

ホンマグロとも呼ばれ、もっとも高級とされている。分布は太平洋と大西洋で、それぞれクロマグロの前につく海の名で区別している。近年、完全養殖（天然の卵や幼魚に頼らない養殖のこと。ふ化から成魚まで、すべての成長過程を人工環境のもとで行う）が成功している。

・ミナミマグロ

うまみが強く、クロマグロに次いで高級とされている。

・メバチ

身がやわらかく、うまみが強く味が濃い。味はクロマグロやミナミマグロに匹敵するが、漁獲量が多いので、比較的安い。

・キハダ

しっかりとした身質で、味はあっさり

としている。缶詰の原料にもなる。

・ビンナガ

身が非常にやわらかく、味は淡白。缶詰の原料にもなる。

・コシナガ

日本では流通量が少ない。ほぼ赤身で、味はさっぱりしている。

米

【米】（→p.178）

イネ科。旬は9～11月。◎米は、ジャポニカ米とインディカ米に大別される。世界的に見ると、パサパサとした食味のインディカ米のほうが生産量、消費量ともに多いが、日本では粘り気があるジャポニカ米が主流。◎ジャポニカ米は、米に含まれるでんぷんのアミロースとアミロペクチンの割合によって、うるち米ともち米に分けられる。うるち米のでんぷんの割合は品種によっても異なるが、およそアミロース2対アミロペクチン8。一方、もち米はアミロペクチンのみ。アミロペクチンには粘る性質があるので、もち米はもちもちした食感になる。この性質を利用して、パサつきを抑えたいときや粘り気がもう少しほしいときは、少量のもち米を入れて炊くとよい。昔から、古米にもち米を少量加えて炊くのも、もち米の粘りを利用しているというわけ。◎現在、米の品種は270種類ほどもあり、その土地や気候に合わせた特色ある米が各地で作られている。全国的に見ると、コシヒカリが全体の作付面積の3割強を占め、1979年から現在に至るまで連続して1位の座を獲得している。次いでひとめぼれ、ヒノヒカリと続く。◎米の保存は、保存袋に入れ替えて、冷蔵庫の野菜室に入れるのがおすすめ。

調味料

【砂糖】（→p.192）

上白糖やグラニュー糖、黒砂糖など種類はさまざまだが、どの砂糖でも、主成分はショ糖。ショ糖以外に含まれる成分が、コクやしっとりさなどの特色を生み出す。使い分けは、料理の仕上がりにコクや色をつけたいか否かで決めればよい。砂糖には甘みをつける以外の働きもあり、それは次の通り。

①水分を吸収する

砂糖は水との結びつきが強い性質があり（親水性）、たくさん加えると食品の水分を吸収する。メレンゲもこの働きを利用していて、卵白の水分を砂糖が吸収することで安定し、泡立ちが保たれる。ただし、煮炊きをするときに砂糖を入れすぎると、食材が脱水されてかたくなり、この作用がマイナスに働くこともある。そのため、煮豆を作るときは数回に分けて砂糖を加える。

②保存性を高める

①の効果のひとつでもあり、砂糖が水分をとり込むことで菌の繁殖が抑えられ、保存性が高まる。ジャムや羊羹などがそれにあたる。

③肉をやわらかくする

肉の下ごしらえの段階で砂糖をもみ込むと、しっとりとやわらかくなる。これは肉の組織の間に砂糖が入り込んで水分を引きつけ、たんぱく質のひとつであるコラーゲンと水分を結びつける役割をするため。

④でんぷんの老化を防ぐ

通常、米、小麦粉、いもなどは時間の経過とともにパサつくが（老化）、砂糖が水分を抱えることでしっとりさが保たれる。すしめしはこの作用を利用した例。

⑤卵料理をやわらかくする

たんぱく質は熱を加えると凝固するが、砂糖を加えると凝固温度が上がる。よって固まる速度がゆっくりになり、卵料理がかたくならずにやわらかく仕上がる。卵焼きやプリン、スポンジケーキなど。

【塩】（→p.194）

加工をしていない塩（本書では自然塩と表記）と精製塩があるが、どちらがいいわけでも悪いわけでもなく、目的に応じて使いやすいほうを選べばよい。

塩の調味の主目的は、塩辛い味をつけることだが、それ以外に、甘さを強めたり酸味を抑えたりする効果もある。

前者はすいかやおしるこ、甘酒に塩をふると甘くなることがよく知られているが、これは塩辛さによって甘みが引き立てられるためであり、これを対比効果という。後者は酢の物やすし酢などがその一例で、酸っぱいものに塩を加えると、強い酸味がまろやかになる。これを抑制効果という。塩にはこうした味つけの役割以外にも、次のような効果がある。

①水分を除く

余分な水分が抜けることで、調味料の味が入りやすく、なじみやすくなる。

②うまみを引き出す

①の効果のひとつで、魚などは水分が抜けることで、味が凝縮してうまみが引き出される。

③保存性を高める

①の効果のひとつで、水分が抜けることで菌の繁殖が抑えられ、保存性が高まる。これが昔から食品を塩漬け保存してきたゆえん。

④たんぱく質を固まりやすくする

魚なら、塩をふることでたんぱく質凝固が起こり、身がくずれにくくなる。ポーチドエッグに塩を入れるのも同じで、早く固まって形よく作れる。

⑤粘りや弾力が出る

うどんやすり身などは、塩を加えて練ると生地の粘性が増し、うどんならコシが強くなり、すり身なら弾力が出る。

⑥ぬめりを取る

魚介の表面のぬめりが塩と結びついて固まり、ぬめりを取り除くことができる。

⑦色を鮮やかにする

枝豆をゆでるときや、きゅうりの板ずりがいい例。塩によって鮮やかな緑色が保たれる。

⑧変色を防ぐ

りんごの色止めがよく知られている。塩水につけることで茶色く変色するのを防ぐ。

【しょうゆ】（→p.198）

蒸した大豆と炒った小麦を合わせ、麹菌を加えてしょうゆ麹を作るのが、しょうゆ作りの第一歩。このあと、しょうゆ麹と塩水を混ぜ、発酵・熟成させる。これを搾ったものがしょうゆである。こうして作られたしょうゆは味、香り、色、うまみなどがあり、味つけ以外のさまざまな効果をもたらす。

①うまみを加える

発酵・熟成中に約20種類ものアミノ酸が作られ、これらがしょうゆのうまみを作り出す。とくに多いのが昆布のうまみ成分でもあるグルタミン酸。料理にしょうゆを使うと、こうした成分が作用し、うまみがつく。

②香りをつける

しょうゆの香り成分は約３００種もあるといわれ、それらが料理によい風味をつける。香りは、熱を加えると、より一層際立つ。

③色をつける

しょうゆの色が素材につくと、いかにもおいしそうになる。こっくりとした色のついた煮物や、ツヤのある照り焼きなどがその例。

④臭みを消す

しょうゆに含まれる香りや色の成分が、生臭さを包み込んで緩和させたり、素材の生臭さが出ないように作用したりする。

⑤保存性を高める

適度な塩分と乳酸などの要素により、雑菌の繁殖が抑えられ、日持ちがよくなる。たとえば、まぐろの漬けや、しょうゆ漬けの漬け物、つくだ煮などがこの効果を利用したもの。

【酢】(→p.196)

おもに出回っている醸造酢は、穀物などをアルコール発酵させて酒にしたのち、酢酸菌によって酢酸発酵させたもの。原料の違いによりさまざまな種類があるが、なじみ深いのは、穀物酢と米酢。このうち使いやすいのは穀物酢のほう。酢の分類には醸造酢のほかに合成酢があり、こちらは科学的に作られた酢酸や氷酢酸《ひょうさくさん》を水で薄めて砂糖などで調味したもの。◎酢のおもな役割は、酸味やうまみをつけること。しかし、それ以外にも働きがあり、それは次の通り。

①塩味をまるくする

塩味の濃い料理に酢を少し加えると、塩辛さがやわらいでマイルドになる。同時に脂っぽさもやわらぐ。身近な例がラーメンに酢を加えること。

②保存性を高める

菌の繁殖を抑える効果があり、よって食品が傷みにくくなり、長期保存が可能になる。ピクルス、らっきょう漬けがその一例。

③変色を防ぐ

れんこんやごぼうなど、切って空気に触れると褐変する食材の酸化を防ぎ、変色を抑える。同時に、色も白くする。

④色をきれいにする

みょうがやしょうがなどを酢に漬けると、ピンクや赤紫に美しく発色する。

⑤身くずれを防ぐ

酢を入れることでたんぱく質が固まりやすくなり、煮るときなどにくずれにくくなる。たとえば、いわしの酢煮やポーチドエッグなど。

⑥肉や魚をやわらかくする

酢を入れることで肉が酸性に傾き、それにより肉の保水性が高まり、やわらかくなる。また、骨つき肉の場合、肉と骨をつないでいるコラーゲンが溶けて身離れがよくなる。

【みそ】(→p.200)

みそは、蒸した(または煮た)大豆をつぶし、種麹(米麹、麦麹、豆麹)と塩を混ぜ合わせ、発酵・熟成させて作られる。種麹の違いによって、米みそ、麦みそ、豆みそがある。これらのうち一番多く出回っているのが米みそで、全体の8割を占めている。◎みそは独特の風味やコクがあり、うまみも豊富な発酵食品であり、味つけだけでなく、こうした奥深い味わいがもたらす効果も期待して利用する。それは次の通り。

①香りをつける

濃厚な香りから甘みを感じるものまで、みその香りは種類によってさまざま。これを使い分けたり組み合わせたりして、料理に風味をつける。

②うまみを加える

グルタミン酸などのうまみ成分が含まれていて、濃厚なうまみを加えることができる。それにより、コクが出て奥深い味わいになる。

③臭みを消す

みそが生臭み成分を吸着し、魚や肉のにおいを消す。さばのみそ煮がその一例。

④色をつける

みそは麹の原料による分類のほか、色によって分けることもある。すなわち、赤茶色の赤系みそ、ベージュのような黄みを帯びた淡色系みそ、クリーム色をした白みそである。この色を利用して、みそらしい色をつけたいときは赤系や淡色系を、品よくしたいときは白みそというように、料理に色をつける作用がある。

⑤保存性を高める

みその高い塩分濃度により、保存性が高まる。その作用を利用したのが、みそ漬け。

だし素材

【かつお節】(→p.202)

かつお節には、かびづけをしない荒節と、かびづけをした枯節の2種類がある。荒節は、切り分けたかつおを煮たあと、燻《いぶ》しと寝かせをくり返しながら水分を20%前後にしたもの。枯節はこの荒節にかびづけを2回以上くり返し、水分を15%前後にしたもの。荒節は風味がよく、枯節は上品な風味でまろやか。◎削りたては香り高く非常においしいが、家庭では、削り節で十分である。荒節と枯節のどちらを削ったものかは、商品の名称で区別ができる。「かつお削りぶし」「花がつお」は荒節を削ったもので、原材料名には「かつおのふし」と書かれている。市販されている削り節の多くはこのタイプ。一方、「かつおかれぶし削りぶし」は枯節を削ったもので、原材料名は「かつおのかれぶし」と記されている。

【昆布】(→p.203)

コンブ科の海藻の一種。2年かけて成長し、夏に採取される。これを天日や機械で乾燥させると、だし昆布となる。天然ものと養殖ものがあるが、天然ものが市場に出回るのは全体の1割程度。◎選別の基準として1~5等まで格づけされているが、等級だけでは比較が難しいのが実情。選ぶ際は、昆布店に相談したり、自分でいろいろ試したりして、好みのものを見つけてほしい。ちなみに、11月ごろから新物が出てくるので、それより前の6月から秋口までに買いだめすると、成熟したものが手に入る。◎おもな種類に日高昆布、真昆布、羅臼昆布、利尻昆布があり、特徴は次の通り。

・日高昆布

昆布の風味が豊か。関東で多く使われる。煮上がりがやわらかく、昆布巻きにも使われる。

・真昆布

くせがなく、上品な甘みのあるだしがとれる。だしは透明に近い澄んだ色。

・羅臼昆布

味が濃く、風味が豊かだが、濃厚さの捉え方で好みが分かれる。だしの色はやや黄色みがかる。

・利尻昆布

少し塩味を感じる、澄んだだしがとれる。京都の料亭で好まれている。

【煮干し】(→p.204)

小形のいわしを塩水で煮たあと、天日か乾燥機で乾燥させたもの。使われるいわしはおもにカタクチイワシ。地方によっては、いりこ、じゃことも呼ばれる。◎保存は、袋に入れてしっかり空気を抜き、冷凍庫に入れると、酸化や油焼けを抑えることができる。

〔参考文献〕
『絵で見る　おいしい野菜の見分け方・育て方』（農山漁村文化協会）
『おいしい野菜の見分け方』（バジリコ株式会社）
『からだにおいしい魚の便利帳　全国お魚マップ＆万能レシピ』（高橋書店）
『健康365日　旬がおいしい野菜事典』（学習研究社）
『日本の食材帖　野菜・魚・肉』（主婦と生活社）
『もっとからだにおいしい野菜の便利帳』（高橋書店）
『料理上手になる　食材のきほん』（世界文化社）
〔ホームページ〕
独立行政法人農畜産業振興機構
https://www.alic.go.jp
日本卵業協会
http://www.nichirankyo.or.jp
全国いか加工業協同組合
http://www.zen-ika.com

おいしく食べる
食材の手帖

著　者　野﨑洋光
発行者　池田士文
印刷所　日経印刷株式会社
製本所　日経印刷株式会社
発行所　株式会社池田書店
〒162-0851
東京都新宿区弁天町43番地
電話 03-3267-6821（代）
振替 00120-9-60072

ISBN978-4-262-13040-8

19000002

著者
野《の》﨑《ざき》洋光《ひろみつ》

1953年福島県古殿町生まれ。武蔵野栄養専門学校卒業。現在は、東京・南麻布の日本料理店「分とく山」総料理長を務める。従来のやり方や考え方にとらわれず、現代に合った方法で料理を作ることを追求。自身の頭で考えて検証し、よいと思ったことを取り入れるその姿勢は、多くの共感を得ている。著書は、『日本一簡単なのには訳がある 野﨑洋光　基本の料理』（KADOKAWA）、『「分とく山」の永久保存レシピ　野﨑洋光　春夏秋冬の献立帳』（世界文化社）、『野﨑洋光が考える美味しい法則』（小社刊）など多数。

分とく山（わけとくやま）
東京都港区南麻布5-1-5
電話番号　03-5789-3838

イラスト
小春あや

1980年埼玉県生まれ。シアトル・セントラル・コミュニティカレッジ（アメリカ）グラフィックデザイン科卒業。現在はフリーのイラストレーターとして雑誌や書籍、広告や文芸誌などで活躍中。野菜や料理などのイラストを得意とし、美しい色彩とやわらかな雰囲気が魅力。 http://www.coharuaya.com/

デザイン：根本真路
著者写真：邑口京一郎
校正：聚珍社、村上理恵
編集：荒巻洋子